A SERVIÇO DA VERDADE

SACERDÓCIO E VIDA ASCÉTICA

ROBERT SARAH

A SERVIÇO DA VERDADE
SACERDÓCIO E VIDA ASCÉTICA

Prefácio de Vincenzo Nuara

São Paulo – 2022

Fons Sapientiae

Edições Fons Sapientiae
um selo da Distribuidora Loyola

	A servizio della verità. Sacerdozio e vita ascetica. Verona, Fede & Cultura, 2021.
Direitos:	© Copyright 2022 – 1ª edição
Título:	A serviço da verdade: Sacerdócio e vida ascética
ISBN:	978-65-86085-20-4
Fundador:	Jair Canizela (1941-2016)
Diretor Geral:	Vitor Tavares
Diretor Editorial:	Rogério Reis Bispo
Tradução:	Mauricio Pagotto Marsola
Revisão:	Dom Hugo C. da Silva Cavalcante, OSB.
Diagramação e capa:	Telma Custodio

```
Dados Internacionais de Catalogação na Publicação (CIP)
         (Câmara Brasileira do Livro, SP, Brasil)

Sarah, Roberto
   A serviço da verdade : sacerdócio e vida ascética /
Roberto Sarah ; prefácio de Vincenzo Nuara. -- São Paulo :
Edições Fons Sapientiae, 2021.

   ISBN 978-65-86085-20-4

   1. Sacerdócio 2. Sacerdócio - Ensino bíblico I. Nuara,
prefácio de Vincenzo. II. Título.

21-86608                                            CDD-253

            Índices para catálogo sistemático:
      1. Sacerdócio : História : Cristianismo 253

   Aline Graziele Benitez - Bibliotecária - CRB-1/3129
```

Edições Fons Sapientiae
é um selo da Distribuidora Loyola de Livros
Rua Lopes Coutinho, 74 - Belenzinho 03054-010 São Paulo - SP
T 55 11 3322 0100 | editorial@FonsSapientiae.com.br
www.FonsSapientiae.com.br

Todos os direitos reservados. Nenhuma parte desta obra pode ser reproduzida ou transmitida por qualquer forma ou quaisquer meios (eletrônico ou mecânico, incluindo fotocópias e gravação) ou arquivada em qualquer sistema ou banco de dados sem permissão escrita

SUMÁRIO

Prefácio 7

Introdução aos Exercícios Espirituais 13

A situação atual de decadência moral e espiritual
do clero (falta de fé e de zelo) 16
    I 16
    II 31

O sacerdócio não como "trabalho", mas como
caminho de santificação para nós e para o rebanho
que nos foi confiado 46
    I 46
    II 60

A dignidade da Liturgia como via de santificação
para o sacerdote: a preguiça na Liturgia é uma
doença espiritual para o sacerdote 74
    I 74
    II 86

A formação humana, espiritual e intelectual no
seminário e na vida religiosa 101
    I 101
    II 114

Vida sacerdotal e vida ascética 126
    I 126
    II 140

PREFÁCIO
Vincenzo Nuara, O.P.

Moderador do Sodalício *Amizade Sacerdotal Summorum Pontificum*

Há cerca de três anos, por motivo de seus tantos compromissos de ofício e magistério, "seguia" o cardeal Sarah em um curso sobre exercícios espirituais a serem organizados para o retiro anual dos sacerdotes do Sodalício *Amizade Sacerdotal Summorum Pontificum*. Graças a Deus, contei finalmente com sua disponibilidade. Os textos propostos neste volume são fruto do trabalho e da reflexão que o cardeal Sarah deu aos sacerdotes no retiro de fevereiro de 2020. Foi uma experiência vivida de fé e de partilha sacerdotal profunda e íntima.

A via traçada nestas páginas é a clássica da ascese, aplicada à vida sacerdotal. Aliás, atualmente uma via não usual; dela pouco ou nada se fala. Um sacerdote poderia viver sua própria vida sem ascese pessoal, contínua e sólida? Para todos os homens de espírito do passado e também para o cardeal Sarah isso não é possível. O ministério sacerdotal tem um efeito salutar e profundo na vida pessoal e no apostolado somente em quem une, no próprio estado de vida vivido na graça e na responsabilidade, a ascese correspondente. Em poucas palavras, pode-se dizer que um sacerdote que não cultiva uma vida ascética autêntica, de oração e intimidade com Deus, vive um sacerdócio depauperado que, com o tempo, pode se tornar somente funcionalista, sem qualquer vínculo com a missão e a dimensão sobrenatural que Cristo lhe conferiu e a Igreja com ele, no dia de sua ordenação.

Falamos de missão sobrenatural porque o sacerdote é tal na medida em que é chamado por Cristo de modo especial para a salvação das almas, para santificar com a pregação e a administração dos sacramentos: "Não vim para chamar os justos, mas os pecadores", diz o Senhor (Mc 2,17). E acrescenta a seus discípulos: "Pregai o evangelho a toda criatura" (Mc 16,15). A Igreja recebeu de seu Divino Mestre os instrumentos da graça sacramental, que ela confere em nome e por mandato de Cristo na ordenação sacerdotal, a homens escolhidos e chamados por Deus para essa missão santa, particular e única nesta terra.

Sacerdócio e ascese é o tema destas meditações. Mas o que é a ascética? O que ela é, afinal? É um caminho pessoal de purificação, de meditação, de penitência, de oração, de mortificação, de renúncia, de disciplina intelectual e moral, de contínua revisão de vida, um caminho interior para alcançar a conformação plena com Cristo, imitando sua íntima relação com o Pai na prece e na oração silenciosa; e, para um sacerdote, com Cristo bom pastor e vítima de amor. São Tomás de Aquino afirma que a ascese tende a tornar o ser humano perfeito em suas relações com Deus: essa perfeição amadurece por meio do amor (cf. *Summa Theologiae*, II-II, q 24 a. 9). Poderemos, portanto, dizer que a ascese é um ato de amor, que se expressa em uma intensa vida de oração diante de Deus, cotidianamente amado, contemplado e adorado; sem ela o ministro de Deus pode correr o risco de viver a própria vida sacerdotal como uma profissão qualquer, embora nobre, de modo exclusivamente humano, quase filantrópico, sem uma aspiração contemplativa e, portanto, apostólica. O Evangelho que ele prega deve estar em sua vida, além de em seus lábios pela pregação, para não ser reprovado por causa de uma vida incoerente e malsã, como recorda São Paulo (cf. 1Cor 9,27). O sacerdote é, portanto, a boca de Deus: *os Domini*, antes com o testemunho evangélico de sua vida e depois com suas palavras. O cardeal prossegue: "A ascética que se impõe a nós consiste no aprendizado da verdadeira liberdade sacerdotal no dizer e no fazer aquilo que torna o nosso falar e o nosso agir uma transparência de Cristo, de quem indignamente nós, sacerdotes, somos representantes".

A ênfase na dimensão humana do mistério, levada adiante por uma teologia horizontalista, exclusivamente antropocêntrica, empobreceu nos seminários a formação sacerdotal e a vida espiritual de tantos futuros padres.

Essa impostação esvaziou e secularizou a vida de muitos sacerdotes, que ao longo do tempo sofrem o cansaço e a desmotivação, de tal modo oprimidos também pelas exigências prementes provenientes da hierarquia, dos planos pastorais inconsistentes e irrealizáveis, bem como das exigências dos fiéis e da vida paroquial com ritmos intensos e insustentáveis. A crise de muitos sacerdotes funda-se nessa visão funcionalista do sacerdócio católico e não na realidade do celibato eclesiástico, como alguns fazem crer e difundem com a cumplicidade dos meios de comunicação de massa laicistas.

A ascese ajuda o sacerdote a ter um olhar realista e concreto sobre suas próprias capacidades e sobre as próprias forças morais e espirituais ao mesmo tempo que o ajuda, acompanhado por um bom diretor espiritual, a fazer escolhas, as úteis e necessárias para seu próprio caminho de santificação e para o das almas que lhe são confiadas no ministério. O sacerdote deve estar consciente de que não pode fazer tudo, de que nem é necessário fazer tudo, mas deve saber escolher a "melhor parte..." (cf. Lc 10,41-42) para indicar aos fiéis e também a si mesmo: "Devemos deixar muitos hábitos do passado para dar espaço sobretudo à nossa transparência cristológica", continua o cardeal.

O cardeal Sarah afirmou não ter dito coisas novas nestas meditações. Penso antes que, como aquele *bom escriba* de memória evangélica, ele soube tomar do Santo

Evangelho e da venerável Tradição da Igreja *coisas antigas e novas* úteis para viver hoje nossa vida sacerdotal, tão assediada de todos os lados.

Desejo agradecê-lo em nome de todos pelas belas e profundas meditações e pelo tempo que nos dedicou junto à sua presença edificante e simples: será uma recordação que guardaremos em nossas almas para sempre. Estou certo de que a leitura destas páginas fará grande bem aos sacerdotes e lhes apoiará na batalha da fidelidade cotidiana e amorosa a Cristo e à Sua Esposa Mística. Mas também para os leitores leigos será um alimento na continua descoberta da beleza do sacerdócio que Nosso Senhor deixou para Sua Igreja para nossa edificação e salvação.

Roma, 17 de fevereiro de 2021.
Quarta-feira de Cinzas, início da Quaresma.

INTRODUÇÃO AOS EXERCÍCIOS ESPIRITUAIS

Caríssimos confrades sacerdotes,

Iniciamos, mediante esta breve introdução, nosso percurso nos Exercícios Espirituais. Os Exercícios representam um momento muito importante na vida de um sacerdote. O sacerdote é ministro de Cristo, ou seja, servidor de Cristo. Os servidores podem ser bons ou maus, como recorda nosso Mestre na famosa parábola evangélica (cf. Mt 24,45-51; Lc 12,35-55). É verdade que um mau servidor continua, contudo, sendo um servidor. Nesse sentido, não perdemos o serviço, o ministério, ou seja, não perderemos o sacerdócio se infelizmente caíssemos eventualmente em pecado mortal ou, pior, vivêssemos regularmente fora da graça de Deus. Continuaríamos, entretanto, sacerdotes. Maus ministros, mas sempre ministros.

Contudo, bem sabemos que essa objetividade do ministério recebido não deve representar uma desculpa. É verdade que, mesmo que o sacerdote esteja em pecado mortal, os atos que ele realiza em seu ministério são válidos se os elementos necessários para sua validade são respeitados. Mas nenhum sacerdote deveria por isso aquietar sua consciência dizendo: "Ainda que viva mal, estou servindo ao Senhor". É verdade que os sacramentos que ele celebra são válidos e conferem a graça aos fiéis. Mas ele deverá prestar contas de sua administração ao justo Juiz. E quem muito recebeu devera responder a um juízo mais severo. Muito recebemos, ou melhor, muitíssimo. Segundo alguns autores – excluindo as graças reservadas exclusivamente a uma pessoa, por exemplo, os privilégios de Maria Santíssima –, a vocação ao sacerdócio seria a maior graça que Deus pode conceder a um ser humano. Já a partir desta noite, então, que nos disponhamos a nos examinarmos a nós mesmos durante estes Exercícios Espirituais. Deveremos nos perguntar muitas vezes, durante estes dias: "Como vivo meu sacerdócio? Como correspondo a essa extraordinária graça que o Senhor, em total gratuidade e sem verdadeiramente nenhum mérito de minha parte, me concedeu?". Pensemos, irmãos. Pensemos na altura da eleição divina para conosco. Recordemos de que o Senhor pensou em cada um de nós da eternidade. Da eternidade decidiu, em seu decreto inefável, que deveríamos ser identificados sacramentalmente, conformados a Jesus Cristo mediante a sagrada Ordenação sacerdotal. Da eternidade, Deus Pai quis que, em certo sentido, fôssemos não apenas *Alter Christus*, mas mesmo *Ipse Christus*, o próprio Cristo na terra. Mas estamos conscientes desse dom? E como a ele correspondemos? Nestes dias, se for agradável a Deus, desenvolveremos algumas reflexões sobre nossa vida sacerdotal. Muito, se não mesmo tudo o que vos poderei dizer, já ouvistes. Nos anos de nossos estudos no seminário e depois, durante os anos de nosso ministério, lemos tantos livros, ouvimos tantas conferências... de algum modo nos parece ter já ouvido tudo. Talvez seja assim. Talvez já saibamos tudo, e talvez estes Exercícios Espirituais não diga nada de novo que já não saibamos ou que tenhamos lido ou ouvido de outras fontes. Mas perguntemos se, além de conhecê-lo, também meditamos sobre aquilo que lemos e ouvimos. Perguntemos se, ao mero conhecimento, agregamos a contemplação. Perguntemos se o alimento espiritual permaneceu – se nos for permitida a metáfora – em nosso estômago ou se o digerimos e assimilamos, tornando-o nosso. A contemplação está para o simples conhecimento como a digestão e o metabolismo estão para o simples ingerir os alimentos.

Hoje há tantas fontes, tantos recursos. Usando a internet podemos nos saciar continuamente de notícias e informações. Comemos conhecimento, dados, continuamente. Mas depois refletimos sobre o que lemos? Nosso corpo, quando lhe damos do alimento comum, o digere e metaboliza. O metabolismo faz com que o alimento, que era uma realidade diferente de mim, se transforme em mim. Nossa mente deveria igualmente metabolizar aquilo que ouvimos e lemos. Isto é, deveria fazer com que se tornasse parte de nossa vida as coisas justas que aprendemos e que ouvimos serem repetidas de quando em quando. Aproximemo-nos, pois, destes Exercícios Espirituais com o desejo de meditar e contemplar as coisas que já sabemos de modo que as possamos de fato saber e, portanto, também vivê-las.

Coloquemo-nos sob o manto de Maria. Peçamos-lhe sua proteção e sua benção. Peçamos-lhe que sustente estes filhos sacerdotes durantes estes dias, para que o alimento da Palavra de Deus e da sã doutrina nutram nossas almas e nos sustentem na incessante conversão a Deus, da qual sempre temos necessidade.

A situação atual de decadência moral e espiritual do clero (falta de fé e de zelo)

I

São João Crisóstomo, em seu célebre tratado sobre o sacerdócio, diz que – por motivo da altíssima dignidade recebida – os sacerdotes devem resplender pela vida moral mais do que o sol. Dada a importância desse ensinamento, que recordaremos diversas vezes nos próximos dias, fornecemos a citação exata de suas palavras: "A alma do sacerdote deve ser mais pura que os raios do sol, para que o Espírito Santo nunca o abandone e possa dizer: 'Não sou mais eu que vivo, é Cristo que vive em mim'" (São João Crisóstomo. *O sacerdócio*, VI, 1, 504; VI, 2, 8-9).

Como é belo contemplar essa verdade! O sacerdote é o representante de Cristo na terra. Ele não é apenas um *Alter Christus*, mas mesmo um *Ipse Christus*. Ora, um dos aspectos do mistério de Jesus Cristo é justamente aquele de sua extraordinária santidade. Todos sabemos e cremos que a Mãe de Jesus é a Imaculada. Que Maria é Imaculada significa que ela foi preservada, em vista dos futuros méritos de seu Filho, de todo contágio de pecado. Ela é *sine macula*. Nossa Senhora, portanto, é venerada com esse título maravilhoso, que expressa o dogma da fé: a Imaculada Conceição. Contudo, nem sempre se pensa na raiz cristológica dessa verdade mariana. Maria foi preservada imaculada porque dela devia nascer o Filho puríssimo. Podemos dizer que Maria é a Imaculada porque devia ser a Mãe do verdadeiro Imaculado, Cristo Senhor. Em Cristo há originariamente a santidade perfeita. É Ele que é o Imaculado e por isso também Nossa Senhora é a Imaculada.

Nós, sacerdotes, fomos constituídos representantes do Imaculado. Sabemos bem que não somos como Ele, mas nossa vocação implica que, de qualquer modo, reproduzimos seu caráter imaculado. Eis porque João Crisóstomo dizia que o sacerdote deve resplandecer mais do que o sol terreno: deve resplandecer dos raios do sol sobrenatural, Jesus Cristo. Pensemos na imagem mariana do Apocalipse: a Mulher vestida de sol (Ap 12). Mas, justamente, ela está vestida, revestida de sol. Maria não é o sol. Ela é a lua, que reflete a luz do verdadeiro sol, a *orientale lumen* que é Jesus. O sacerdote é chamado a fazer resplandecer em si o sol que é Cristo. O sacerdote não é o sol, de modo algum! Cristo é o sol. Mas o sacerdote deve ser revestido de santidade. Nele a santidade opera como um manto-espelho. Se está revestido desse espelho, refletirá melhor os raios do sol cristológico. Meditemos agora sobre essa imagem do espelho.

Sabemos que São Paulo a emprega para descrever nosso caminho de fé. Na Primeira Carta aos Coríntios, o apóstolo diz que agora caminhamos na fé e não ainda na visão. Na versão latina lê-se que contemplamos a Deus e às realidades transcendentes *per speculum et in aenigmate*: "Agora vemos de modo confuso, como em um espelho; mas então veremos face a face. Agora conheço de modo imperfeito, mas então conhecerei perfeitamente, como também eu sou conhecido" (1Cor 13,12). Usualmente se traduz assim: "Vemos como em um espelho e de modo confuso". À primeira vista, essas palavras parecem erradas. Quando nos olhamos no espelho, de fato não vemos de modo confuso, mas muito claro. Por que São Paulo diz que, olhando em um espelho, se vê de modo confuso? Com toda probabilidade, porque São Paulo não tinha o tipo de espelho que temos hoje. Na Antiguidade, o espelho era, certamente, um instrumento muito útil e que, afinal, desempenhava sua função. Mas os espelhos antigos eram muito menos funcionais em relação aos atuais. Tratava-se de superfícies, normalmente de metal, que se procurava tornar o mais retas e lisas possível, de modo a refletir as imagens. Mas as imagens, embora fossem vistas, eram vistas bem menos do que com a visão natural. Via-se o objeto, certamente, mas não tão bem: ele permanecia fora de foco e a imagem refletia era opaca. São Paulo aplica isso à fé e diz que vemos, já conhecemos a Deus pela fé durante esta vida, mas não diretamente (de fato, o espelho nos fornece a visão indireta de um objeto) tampouco de modo claro (dado que os espelhos antigos não refletiam uma imagem perfeita).

Apliquemos essas observações ao fato de sermos sacerdotes, chamados a refletir o sol que é Cristo. Fomos constituídos espelhos da santidade de Cristo. Mas nosso espelho está em que condições? Está liso, limpo, bem polido para refletir a luz da melhor maneira possível? Ou está sujo, danificado, cheio de borrões, de modo que com dificuldade reflete algo?

A vida sacerdotal nunca foi fácil. Mas talvez, hoje, seja ainda menos. As tentações e as ocasiões de se cair em pecado são, de fato, muitas; pode-se dizer que mais do que no passado. E dizemos mais do que no passado não porque todas as épocas precedentes fossem melhores do que a nossa, mas porque atualmente há meios e hábitos, ao menos no mundo ocidental, que facilitam o pecado, isso quando não o aprovam, o promovem e recomendam. Sem a pretensão de fazer um elenco completo, busquemos mencionar alguns desses elementos que hoje, mais do que no passado, colocam a integridade moral do sacerdote em risco:

1. A educação recebida. Os sacerdotes mais jovens da atualidade em geral cresceram em famílias nas quais os pais quase sempre os amaram, mas com frequência não lhes educaram. Nas famílias atuais, por tantos motivos, há um grande vazio educativo. Os jovens em geral são abandonados a si mesmos, quando não às más companhias, seja porque ambos os pais trabalham, seja porque quando voltam para casa não o fazem ou porque não querem sacrificar-se para dedicar as últimas horas do dia a estarem com os filhos e educá-los. Por isso, quem atualmente educa (ou melhor, deseduca) os jovens é a escola (onde com frequência entra a ideologia), a televisão e a internet, além dos colegas, que, contudo, estão na mesma situação. Os pais são ausentes do ponto de vista educativo. Uma das principais causas disso é que hoje não se compreende a importância do sacrifício. Pensa-se que amar é um sentimento. Um pai pode considerar amar os filhos pelo simples fato de que sente amor por

eles. Mas não se compreende, em muitos casos, que se ama os filhos sacrificando o próprio tempo e as próprias energias para acompanhá-los constantemente, para corrigi-los e também puni-los, se necessário, a fim de que cresçam bem.

Além disso, mesmo em famílias católicas com frequência está ausente, ou completamente ineficiente, a educação religiosa. A paróquia, ou uma associação eclesial que eventualmente os filhos frequentem, tem um papel importante, mas não pode substituir a educação religiosa original que se recebe na família. E, devemos acrescentar, atualmente também a paróquia e as associações católicas com frequência não desempenham bem sua própria tarefa educativa e formativa.

Portanto, esta é uma primeira causa. Em geral os sacerdotes de hoje não receberam uma educação humana, afetiva e religiosa sólida na família. Em particular, não cresceram na fé desde pequenos e, sobretudo, não foram educados no valor da renúncia e do sacrifício. Em amplos setores do clero mais jovem (dizemos com menos de cinquenta anos), não raramente se está pouco disposto a fazer sacrifícios. Isso se reverbera em muitos aspectos do ministério, mas também no campo da resistência às tentações e da busca de meios aptos a fortalecer-se contra elas, em particular o grande meio da penitência.

2. Disso se segue um segundo aspecto: a organização, a estruturação dos próprios dias, ou seja, a ordem

da vida. Há diversos anos, um bispo confiava que ficava espantado com o horário de um dia típico de seus sacerdotes mais jovens. Parecia difícil crer naquilo que o bispo dizia. Diversos de seus jovens sacerdotes (mesmo párocos ou vigários paroquiais, ou seja, tendo grandes responsabilidades) levantavam-se às 10 ou 11 da manhã. Sua igreja, obviamente, ficava fechada durante a manhã. Certa vez, o bispo passou em um vilarejo de sua diocese e, vendo a igreja fechada quando já era quase meio-dia, perguntou a uma senhora que andava pela rua o motivo deste fato. E a senhora respondeu: "O pároco dorme". E isso não como um fato extraordinário, mas cotidiano. As pessoas daquele vilarejo sabiam que de manhã, todas as manhãs, a igreja estava fechada, que, não se podia entrar para orar, pois o pároco dormia. Aquele bispo descrevia ainda o resto do dia de tais sacerdotes: café da manhã ou almoço por volta de meio-dia; no início da tarde se vê televisão ou se postam comentários e imagens no *Facebook* e outras redes sociais; depois se telefona aos confrades considerados amigos ou se encontram com outras pessoas. Em ambos os casos, o motivo do colóquio é simplesmente fazer comentários sobre tudo e sobre todos. Aquele bispo dizia que tais sacerdotes também passam mais de duas horas a compartilhar vídeos e textos nas redes sociais, entre os quais muitos ridículos ou insensatos, senão espetaculares, com algum confrade ou amigo. Depois, por volta das 5 ou das 6h da tarde, chega finalmente o momento da abrir a igreja para celebrar a missa. Celebrada a missa e realizada alguma outra incumbência, por volta das 8h da noite fecha-se a igreja e começa a longa noitada: saídas com amigos (alguns padres vão até a discotecas), ou idas ao cinema ou ver televisão e jogar no computador em casa... tudo tranquilamente até às 2 da manhã.

Repitamos: escutando essa narrativa, no início se fica tentado a não acreditar. Conhecemos tantos sacerdotes, mesmo entre os muito jovens, que de fato não vivem assim. Mas, depois, consultando outros bispos, a realidade na narrativa foi confirmada. Como foi dito, naturalmente nem todos os sacerdotes são assim, pelo contrário! Pela graça de Deus, há tantos sacerdotes, idosos ou jovens, muito dedicados a seu próprio ministério e que se sacrificam por ele. O Senhor os abençoe! Mas é igualmente verdade que outros sacerdotes literalmente jogam tempo fora: o tempo que é tão precioso para servir a Cristo e à Igreja e que, uma vez desperdiçado, não se recupera mais, sendo impossível voltar atrás. "Setenta anos pode durar nossa vida, os mais fortes talvez cheguem a oitenta, [...] passam depressa e também nós assim passamos. [...] Ensinai-nos a contar os nossos dias, e dai ao nosso coração sabedoria" (Sl 90,10.12).

Sabe-se que os santos não gostavam de perder tempo. Parece que Santo Afonso Maria de Ligório havia feito um voto de nunca perder tempo. Podemos dizer que a perda de tempo é de fato um pecado. Corresponde à postura daquele homem da parábola que, ao invés de se dedicar a multiplicar o talento recebido, foi enterrá-lo. O ditado afirma com verdade que "o ócio é o pai dos vícios". Se tantos sacerdotes vivem em pecado, isso em geral depende também do horário totalmente desorganizado e verdadeiramente equivocado de seus dias. Recordemos que o grande Davi pecou com Betsabeia porque naquele dia estava relaxado, pois vivia mal, sem um bom horário de vida. Enquanto as tropas combatiam, enquanto davam a vida pela causa de Israel, Davi dormia até à tarde e, levantando-se, passeava ociosamente em seu terraço. Ali o diabo o encontrou e prevaleceu facilmente sobre ele porque, mediante aquele modo de viver, Davi havia cavado a fossa sob seus pés, havia se colocado à beira do precipício (2Sm 12,1-15). O que pensar então do comportamento daqueles sacerdotes ociosos que, enquanto outros confrades dão a vida generosamente pela causa da Igreja, passam os dias na dissipação? Que Deus não queira que estejamos entre eles!

3. Um terceiro perigo é o já citado uso desordenado da internet. Talvez seja inútil evidenciar que não há nada contra a internet em si, pois, ao contrário, se bem usada, é um grande recurso, também para a Igreja. Mas seu mau uso é deletério. Os vários sites, blogs, redes sociais, concorrem pesadamente para o atual desastre cultural. E não nos referimos apenas aos sites de caráter evidentemente pecaminoso ou ideológico. Em certo sentido, eles

são menos perigosos, pois lhes é evidente que há pecado ou erro e, portanto, se alguém quiser evitar o pecado, evitará também consultar aquelas páginas. O verdadeiro risco da internet está mais em outro campo: ou seja, ela pode destruir nosso cérebro. Em que sentido fazemos uma afirmação tão grave? A dizemos no sentido em que se permitirmos que a internet substitua nossa reflexão, nossa consciência e nossa responsabilidade de discernir iluminados pela Revelação, então nos tornamos como autômatos nas mãos dos outros.

Todo processo em si requer uma passividade. Há um mestre ou um texto que ensina e há um aluno que aprende. O primeiro movimento do conhecimento é principalmente passivo: permitir à realidade entrar em nós de modo que nosso intelecto possa reformulá-la em termos de verdade. A verdade é, de fato, a realidade material aprendida pela mente de modo imaterial. Esse é o primeiro passo do saber segundo a sã gnoseologia do realismo filosófico, ou seja, receber passivamente as impressões sensíveis e elaborá-las conceitualmente. Em seguida, realiza-se o segundo passo. Após o conhecimento conceitual, obtido por abstração, a mente pode e deve realizar uma outra operação: o juízo. Ou seja, a mente deve julgar a coisa apreendida, comparando-a com outras. A mente poderá e deverá dizer: "Isto é assim e não de outro modo, isto é verdadeiro ou é falso", etc. Aqui, na faculdade do juízo, mostra-se, em um grau mais alto que a formulação conceitual, o componente ativo de nosso intelecto. Retomemos a já mencionada metáfora da nutrição. Ao nos alimentarmos há, antes de tudo, passividade: recebemos em nós o alimento que nos é dado por alguém que o preparou. Mas depois o corpo passa à atividade para metabolizá-lo (ou, no caso em que o alimento seja inadequado, para rejeitá-lo).

Na época da internet temos à disposição uma quantidade enorme de dados e noções, ou seja, alimento para a mente. A questão é que quanto mais lemos, menos elaboramos. Na escola de qualquer nível, da primária à universidade, a didática procura cuidar de ambos os aspectos: de um lado, dar conteúdos aos estudantes, de outro, fazer com que reelaborem os conhecimentos recebidos mediante seminários, exercícios escritos ou preparações para exames. A internet, ao contrário, não nos pede nada disso. Ela dá e, aparentemente, dá sem pedir nada em contrapartida. Muitos, hoje, se iludem que sabem tudo só porque têm sempre consigo o celular que podem consultar a qualquer momento para buscar qualquer informação. Mas o verdadeiro saber é aquele que é digerido, não aquele que usamos e jogamos fora da mente imediatamente, tão logo tenhamos desligado a tela do computador ou do celular.

Eis então o perigo. Que a internet destrua nosso cérebro, ou seja, nossa capacidade crítica, a capacidade de raciocinar, de avaliar e de julgar as coisas que lemos e vemos. Tornamo-nos, assim, bonecos nas mãos dos outros. Procede-se pelas sensações e não seguindo a reta razão. Recentemente, a OCDE (Organização para a Cooperação e o Desenvolvimento Econômico), no âmbito de seu programa chamado PISA (*Program for International Student Assessment*), realizou uma pesquisa sobre a capacidade de estudo dos estudantes atuais. Os resultados são realmente preocupantes. Sem nos determos em muitos aspectos dessa pesquisa, notamos um dado que de fato assusta: um alto percentual dos adolescentes não têm capacidade de compreender aquilo que leem. Sabemos que a alfabetização nos países ocidentais é atualmente muito alta: praticamente todos sabem ler e escrever. Todos sabem ler, mas um bom percentual de jovens não está em condições de compreender o que leem. Os adolescentes estão habituados a ler textos curtos, por exemplo, um *tweet* ou um *sms*, mas tão logo o texto fique mais longo perdem a concentração e não conseguem mais segui-lo.

Não obstante tudo isso, as universidades continuam a formar pessoas. Mas a preparação média de tais formados, alguns dos quais não conseguem compreender aquilo que leram nos textos universitários, de que nível será? A preocupação é grande: em poucos anos, dessas turmas, haverá arquitetos, magistrados, professores, oficiais do exército, diplomatas, políticos... o que acontecerá então, considerando que já hoje o panorama social está repleto de figuras que não brilham pela profundidade da preparação especializada para seu próprio ofício? Um sacerdote deveria viver de modo diferente. Nesta época da passividade da internet, neste tempo em que as pessoas não pensam mais por si mesmas, ele deveria se furtar ao assassinato sistemático do cérebro, perpetrado deste modo. O sacerdote, sobretudo, deveria ser uma pessoa que pensa, que desenvolve um juízo crítico sobre a realidade, dado que ele deve ajudar os outros a recuperar a razão, hoje obnubilada.

Todavia, constatamos que um certo número de sacerdotes comporta-se em relação à internet como todos os outros. Esses ministros de Cristo passam tanto tempo no teclado ou com o celular nas mãos e postam em redes imagens e textos sem sentido, por vezes ridículos ou superficiais, quando não errôneos do ponto de vista da doutrina cristã ou escandalosos em seu conteúdo.

Este último ponto nos leva a um quarto aspecto.

4. Também a escassa preparação teológica e doutrinal de muitos sacerdotes os expõe mais facilmente ao pecado. É verdade que não basta uma preparação sólida para evitar o pecado. Vimos que houve casos de sacerdotes, doutrinariamente muito íntegros, que não eram íntegros no plano moral. Apenas a boa doutrina, portanto, não basta para preservar do pecado. Mas é verdade que a sã doutrina, unida a outras coisas, é necessária e ajuda muito o sacerdote a evitar as ocasiões de pecado.

Voltaremos a essa questão em outro momento. Por ora, desejamos apenas sublinhar que todo sacerdote tem o dever de ler e estudar, e, na medida do possível, ler e estudar bons livros, livros que o ajudem. Isso também ajuda a levar uma vida na qual resplendemos como o sol, refletindo os raios de Cristo.

Mencionamos somente quatro âmbitos da vida atual nos quais os sacerdotes podem estar mais expostos ao pecado. Há, naturalmente, vários outros, mas parecia oportuno assinalar sobretudo estes. Poderemos, talvez, resumir o que foi dito até aqui com uma palavra: prudência. A prudência é a virtude de quem sabe dispor de bons meios para alcançar um bom fim. Nosso bom fim é sermos dignos e santos sacerdotes de Jesus. Por isso, devemos constantemente nos perguntar: de quais meios devo dispor em vista deste fim? Naturalmente, como o fim é bom, assim também deverão ser os meios, pois em nossa doutrina não se admite o uso de meios maus, nem em vista de um fim bom. O fim não justifica os meios. Busquemos dispor de bons meios a fim de alcançarmos um bom fim.

Quando nos confessamos, temos o bom hábito de recitar o Ato de contrição. Nele dizemos a Deus: "Proponho firmemente, com a ajuda da vossa graça, não mais pecar e fugir das ocasiões próximas de pecar". O fim bom é "não mais pecar". Ele, obviamente, só é possível com a graça de Deus e, por isso, na mesma oração rezamos:

"Proponho firmemente, com a ajuda da vossa graça". De fato, sem tal auxílio seria impossível não pecar. Contudo, além da graça, é preciso a cooperação humana. Então, o que devemos fazer de nossa parte? De quais meios devemos dispor? A oração diz: "Proponho... não mais pecar e fugir das ocasiões próximas de pecar". Bem sabemos como hoje muitos não entendem mais o significado exato dessas palavras. E isso não é sua culpa, mas talvez nossa, pois mais ensinamos tantas coisas belas e justas que nos foram ensinadas. Por isso, muitos hoje pensam que a ocasião *próxima* de pecado significa a ocasião *futura*. De fato, esse é um dos significados da palavra "próxima", que pode indicar algo que vem depois. Mas é claro que esse não é o sentido da fórmula que comentamos. Se fosse assim, o Ato de contrição diria algo óbvio e talvez ridículo: proponho evitar as ocasiões de pecado que ocorrerão no futuro... certamente! Como se poderia evitar as ocasiões já ocorridas no passado?

"Ocasiões próximas" não pode significar ocasiões futuras, mas ocasiões que estão *perto* do pecado, as ocasiões que me conduzem a pecar, como Davi que, com sua preguiça, pôs-se em ocasião próxima do pecado e então de fato pecou.

O sacerdote, então, deve ser prudente: ele deve dispor dos meios bons para evitar se aproximar do pecado. Porque o pecado é como o cão amarrado: causa medo mesmo de longe, mas morde apenas ao nos aproximarmos de seu raio de ação. Mantenhamo-nos, portanto, prudentemente longe de seu raio de ação!

II

Esta manhã falamos de alguns aspectos relativos aos perigos para a vida moral do sacerdote nos dias de hoje. Identificamos o remédio geral para tais perigos na virtude da prudência. Agora, entretanto, desejamos perguntar qual é a raiz da vida desordenada e, por isso, pecaminosa de certos sacerdotes. A princípio, poderemos dizer que um certo modo de viver o sacerdócio deriva da falta de zelo. Recordamos sempre com prazer quando, em uma homilia, Bento XVI retoma esta bela palavra "zelo". E não diz apenas zelo, mas usa a expressão completa "zelo pelas almas", citando também a frase latina correspondente – *animarum zelus*:

> A última palavra chave para a qual gostaria de acenar chama-se zelo pelas almas (*animarum zelus*). É uma expressão fora de moda, que hoje quase não é mais usada. Em alguns ambientes, a palavra alma é considerada até mesmo uma palavra proibida, pois se diz que exprimiria um dualismo entre corpo e alma, dividindo o ser humano erroneamente. O homem certamente é uma unidade, destinado à eternidade com corpo e alma. Mas isso não pode significar que não temos mais alma, um princípio constitutivo que garan-

te a unidade do homem em sua vida e além de sua morte terrena. E, como sacerdotes, preocupamo-nos com o ser humano total, de suas necessidades físicas, dos famintos, dos doentes, dos sem teto. Todavia, não nos preocupamos apenas com o corpo, mas também com as necessidades da alma das pessoas que sofrem pela violação do direito ou por um amor destruído; das pessoas que se encontram no escuro acerca da verdade; que sofrem pela ausência de verdade e de amor. Preocupamo-nos com a salvação dos homens em corpo e alma. E, como sacerdotes de Jesus Cristo, o façamos com zelo. As pessoas nunca devem ter a sensação de que cumprimos nosso horário de trabalho de modo consciencioso, mas antes e depois nos ocupamos só de nós mesmos. Um sacerdote nunca pertence a si mesmo. As pessoas devem perceber nosso zelo, mediante o qual damos um testemunho credível do evangelho de Jesus Cristo (*Na esteia do Concílio Vaticano II*, homilia do Sábado Santo, 5 de abril de 2012, Missa do Crisma).

O que é o zelo? É o interesse. Uma pessoa é zelosa quando alguém ou algo lhe interessa de fato. O zelo pelas almas é, portanto, o interesse que o pastor deve nutrir pela salvação das ovelhas confiadas a seu cuidado.

Quando algo de fato nos interessa não há obstáculo que possa nos deter, não há cansaço que possa nos desanimar, não há hábito que possa nos entediar: fazemos de tudo, empenhamos todo o esforço do qual somos capazes para obtê-lo. O zelo pelas almas faz de tudo para obter sua salvação eterna por Deus. Como sabemos, o Santo Cura d'Ars é, para nós, sacerdotes, constante ponto de referência. Quando chegou pela primeira vez à sua nova paróquia, alguém lhe disse: "Chegas tarde, padre, aqui em Ars não há mais nada a fazer". Ao que ele respondeu: "Logo, há tudo para fazer!". O que ele fez foi se levantar às duas da manhã (exato, na hora em que hoje os padres vão dormir!) e ir à igreja, onde passava longas horas diante do tabernáculo para fazer a meditação, recitar o breviário, rezar o santo rosário e dialogar com o Senhor no silêncio orante. No arco de muito tempo, chegaram a Ars tantas pessoas que o pobre cura com dificuldade encontrava tempo para continuar sua vida de oração como antes.

O zelo pelas almas guiava o Cura d'Ars, que não por acaso é o padroeiro de todos os sacerdotes que, embora com ministérios diferentes, se dedicam de modo louvável ao cuidado das almas. A palavra "cura", de outro lado, deriva justamente daí. O cura é aquele que cuida dos fiéis. Ele é o bom pastor que está na primeira linha de cuidado dos interesses do rebanho.

Naquela sua homilia, Bento XVI recordava que nas últimas décadas a linguagem eclesial pôs em desuso a palavra "alma". Falar de "cuidado das almas" ou de "salvação das almas" parece, para uma certa mentalidade, um erro (cf. Mc 8,36; Mt 16,16; Mc 3,4). É dito: o homem não é apenas alma, mas alma e corpo, portanto, devemos falar de salvação do homem ou da pessoa, não de salvação da alma. Pode-se notar a ausência trágica da palavra "alma" também nas novas traduções da Sagrada Escritura: *"Quid enim prodest homini, si mundum universum lucretur, animae vero suae detrimentum pretiatur? Aut quam dabit homo commutationem pro anima sua?"* ("Com efeito, de que vale o homem ganhar o mundo inteiro se vem a perder a própria vida? Ou o que um homem poderá dar em troca da própria vida?" [Mt 16,16; Mc 8,36]). *"Et dicit eis: Licet sabbati bene facere an male? Animam salvam facere an perdet?"* ("Depois lhes perguntou: É permitido fazer o bem ou fazer o mal no dia de sábado, salvar uma vida ou perdê-la?" [Mc 3,4]). também antes da comunhão do Corpo e Sangue de Cristo dizemos: *Domine, non sum dignus ut intres in tectum meum, sed tantum dic verbo et sanabitur animam meam.* E assim se traduz: "Senhor, não sou digno de que entreis em minha morada, mas dizei uma palavra e serei salvo". Notastes com desapontamento e desilusão que a palavra "alma" foi substituída pelo termo "vida". Essa é uma mudança substancial e me parece equivocada, pois não respeitosa da palavra de Deus. Embora seja obviamente correta a observação de que o homem é um conjunto de corpo e alma, devemos, entretanto, recordar que o Concílio de Vienne acolheu na visão doutrinal da Igreja a verdade filosófica segundo a qual a alma é a forma do corpo. Logo, a alma é o princípio ativo do composto humano, que informa também a matéria do corpo. Assim, se a alma é salva, também o corpo é salvo. De outro lado, é na alma que se encontram mais faculdades mais nobres do ser humano, as que cooperam livremente para a salvação. Por isso, continua apropriado exprimir-se nestes termos: salvação das almas, zelo pelas almas.

Nós, sacerdotes, temos zelo pelas almas? As almas nos interessam? Interessa-nos o destino eterno das pessoas que temos diante de nós? A Cristo certamente interessam! Ele de fato teve zelo pelas almas, a ponto de pagar seu resgate com seu próprio sangue. É triste ver que alguns sacerdotes parecem não nutrir nenhum interesse pela salvação eterna dos fiéis. Estão todos voltados para o plano horizontal, para tentar resolver certos problemas políticos, econômicos, sociais, de imigração ou ecológicos. Naturalmente, também nesses setores a Igreja deve se fazer ouvir, nos limites das tarefas que Cristo lhe conferiu. Mas o essencial, poderemos dizer, está em outro lugar. O essencial é o zelo pelas almas. Certos sacerdotes parecem não tê-lo ou então tê-lo perdido. Mas Cristo o tem!

Como é triste ver que tantas almas talvez se percam pela frieza, pela indiferença daqueles que foram enviados a cooperar com Deus para sua salvação! Talvez as almas não nos interessem, mas a Cristo sim! A nós, com efeito, as almas não custaram nada, mas Cristo pagou um preço alto por elas! Alguns sacerdotes querem apenas receber das almas e não dar. Querem que os fiéis os respeitem, os estimem, os aclamem, sempre os apóiem, nunca falem contra eles e doem todo o necessário para seu sustento. Em si, mesmo essas coisas são justas. Mas os sacerdotes não devem dar nada às almas? Se dirá: "Mas lhes dou os sacramentos!". Ao que se poderia responder: "Grande coisa! Só nos faltaria que não fizesses nem isso!". É verdade que dar os sacramentos é algo muito importante, pois é Cristo que salva e não o sacerdote. Mas perguntemos: além do dever que tenho de dispensar os sacramentos, o que dou de mim mesmo para as almas? Quanto tempo a mais, quanto cansaço a mais e eventualmente também quanto de meus recursos econômicos ponho a serviço da causa? Sou alguém que quer só receber ou também dar?

O bom espírito do sacerdote, o espírito da caridade pastoral, está bem expresso na famosa Oração de São Francisco de Assis, na qual se diz: "Ó Mestre, fazei que eu procure mais compreender que ser compreendido; amar que ser amado...".

Dizíamos há pouco que o sacerdote que tem zelo é um sacerdote que se coloca na linha de frente para defender o rebanho. Essa espiritualidade militar do estar na linha de frente se exprime bem na linha inaciana. Santo Inácio fundou os jesuítas para que, como ardentes soldados de Cristo, militando sob sua bandeira, ficassem corajosamente e sem medo nas linhas de frente. Essa espiritualidade, como quer que seja, nasceu também com base nas experiências militares do próprio Santo Inácio. Ele bem sabia que, quando uma cidade é assediada, poderia resistir por muito tempo se os muros ficassem em pé. (No caso da Igreja, ela pode resistir até que cheguem as tropas de socorro externo que expulsam para sempre os que a assediam: a Igreja resiste até o retorno de Cristo com todos os exércitos celestes). Mas se o inimigo consegue fazer fendas na muralha, então a cidade se perde, a menos que um grupo de corajosos soldados se coloque diante dessas fendas para afastar seus assaltos. Estar neste posto repelindo os assaltos. Tal grupo deveria ser, na mente de Santo Inácio, a Companhia de Jesus. Por séculos ela operou assim. Os jesuítas estiveram nessas linhas de frente, ou seja, na vanguarda, seja com escolas, seja com os estudos, seja com as missões. Eram homens na linha de frente que se colocavam no limite não para caírem do muro ou para agilizarem a infiltração na cidadela por parte dos inimigos, mas para defendê-la de seu ingresso. O estar diante dessas frestas, segundo Santo Inácio, tinha uma função de repelir, um função defensiva. Não se fica no limite para deixar o inimigo entrar ou mesmo para dizer que o inimigo não existe, que o diabo não existe e que aqueles que estão dentro ou fora dos muros são, no fundo, a mesma coisa. Ao se raciocinar assim, a cidadela é destruída.

O sacerdote zeloso é um homem que se coloca nas linhas de frente não para dizer ao inimigo: "Entre para devastar a vinha!", mas para repelir com coragem seus assaltos. O bom pastor dá a vida por suas ovelhas. O bom pastor se põe em guarda no redil e, com seu bastão, expulsa os lobos e as raposas. Se, ao contrário, o pastor lhes abre a porta, a morte das ovelhas será certa. Para sermos mais precisos, o pastor não pode abrir a porta, pois a porta é Cristo e Cristo jamais se abre ao pecado e ao erro. O pastor malévolo, então, mais do que abrir a porta, cavará ele mesmo uma brecha no recinto, a fim de deixar o mal penetrar no rebanho.

Para ser um bom pastor, um bom soldado na linha de frente, o sacerdote não pode dormir. Entendam bem que o dizemos em sentido metafórico. É óbvio que, literalmente, não estamos recomendando não repousar. Devemos, ao contrário, também dormir para recuperarmos as energias. Quando dizemos que o sacerdote não pode dormir, entendemos que ele deve estar consciente de sua missão e deve vigiar continuamente. Ele deve ser alguém que reza, sempre diante do tabernáculo, como o Cura d'Ars, por suas ovelhas. Além disso, como dizíamos esta manhã, deve ser alguém que pensa e que ensina a pensar de modo crítico as propostas do mundo e da cultura atuais.

O sacerdote zeloso preocupa-se com o fato de as correntes culturais e ideológicas de nosso tempo possam poluir as almas de suas ovelhas: sobretudo as almas dos mais jovens, que ainda estão buscando sua própria visão de mundo. E, se já estiverem poluídas, o pastor zeloso lhes oferecerá seu serviço de médico, procurando eliminar o veneno infiltrado no pensamento de tantos católicos. A Igreja possui uma grande visão do mundo e da vida. É a *Katholische Weltanschaung* (cosmovisão católica) como a denominava Romano Guardini: a visão católica do mundo. O sacerdote zeloso se dedica, mediante leituras oportunas, a cultivar sobretudo para si mesmo tal visão e depois busca transmiti-la aos outros, com a palavra e o exemplo.

Podemos, contudo, também perguntar: qual é a raiz de tanto zelo? De onde nasce o zelo pelas almas? E, se alguém o perdeu ou se esfriou, como pode fazer para reencontrá-lo? A mesma pergunta pode ser feita também em relação aos casos negativos de falta de zelo: o que falta àqueles sacerdotes que não têm zelo pelas almas? Podemos provavelmente responder com uma só palavra: fé. Falta zelo porque falta a fé ou a fé é fraca.

O ministério sacerdotal é ministério da fé. Esse genitivo pode ser entendido tanto como subjetivo quanto como objetivo. É genitivo objetivo porque nosso ministério tem a fé por objeto. O sacerdote, nesse sentido, é ministro da Palavra de Deus, guardião do depósito da fé, pregador da verdade revelada. Mas é também genitivo subjetivo, ou seja, o sacerdócio é ministério que nasce da fé e se exerce como consequência da fé daquele que foi ordenado. Se falta a fé ou ela é fraca, as consequências para o ministério serão desastrosas.

Quando fazemos os cursos teológicos básicos, todos aprendemos aquela distinção clássica entre *fides qua creditur* e *fides quae creditur*, isto é, fé com a qual se crê (sentido objetivo) e fé que crê (sentido subjetivo). A segunda é a doutrina da fé enquanto a primeira é a adesão pessoal do crente. Deve-se sublinhar que, para a teologia católica, há um ato verdadeiro de fé somente quando ambas essas dimensões estão presentes ao mesmo tempo. Com efeito, trata-se de uma distinção teológica. É uma distinção adequada, mas no ato de fé as duas dimensões, embora sendo distintas, devem estar absolutamente sempre unidas. Se não fosse assim, teríamos uma pseudo-fé, não a verdadeira fé católica. Seria possível ter uma boa *fides quae*, ou seja, um bom conhecimento doutrinal. Mas continua necessária a adesão existencial à doutrina professada. Nas últimas décadas, constatamos várias vezes que houve sacerdotes e leigos (alguns desses também entre os fundadores de novos institutos e movimentos eclesiais) que professaram uma fé sã no plano doutrinal, mas cometeram abusos de autoridade, abusos psicológicos e também físicos. De outro lado, conhecemos também tantos casos de sacerdotes que, do ponto de vista puramente subjetivo, são boas pessoas, mas em seu ensinamento e nas decisões práticas de seu ministério não seguem a doutrina da Igreja, ao menos não em todos os casos. Esse seria o caso de quem talvez tenha uma boa *fides qua*, ou seja, crê sinceramente no Senhor é com frequência é também capaz de dedicação ao compromisso eclesial, mas tem um pensamento que se distância, no todo ou apenas em parte, do pensamento de Cristo. Assim, em suas iniciativas, tal sacerdote seguirá um pensamento mundano, não o evangélico. Nesse caso, ele causará dano tanto nas almas individuais quanto na Igreja em seu conjunto, ainda que suas intenções puramente subjetivas possam ser boas.

Temos necessidade de sacerdotes fiéis. Mas de fé segundo o sentido completo dessa categoria: tanto *fides qua* quanto *fides quae creditur*. Da fé nasce o zelo. Se o sacerdote adere a Cristo com todo seu ser e professa sem hesitações a doutrina da Igreja, dali surgirá espontaneamente o amor pela salvação eterna das almas e, portanto, o compromisso e o sacrifício pelo qual a própria vida é usada pelo Senhor para salvar os homens. Ao sacerdote de fé verdadeira e sólida, no fundo, isso sequer custará muito – não obstante o óbvio cansaço daquele momento – dispor a própria vida nas mãos de Jesus e lhe dizer: "Disponde de mim, Senhor. Tomai tudo. Dou-te tudo de mim para que o uses para teus fins". O zelo pelas almas é, no fundo, antes de tudo zelo pelo Senhor, por sua causa.

O sacerdote de fé não cumpre seus deveres porque espera receber algo em troca. Cumpre-os porque entendeu que isso é justo e belo. Porque entendeu que esse é o verdadeiro sentido da vida. O zelo e a ação zelosa preenchem seus pensamentos, seus planos, o tempo de seus dias. O trabalho cansa, é verdade! Mas o trabalho feito por amor de Cristo ao mesmo tempo alivia. Em uma bela oração, Santo Inácio de Loyola exprime-se assim:

> Tomai, Senhor, e recebei toda minha liberdade, minha memória, minha inteligência, toda minha vontade, tudo que tenho e possuo. Tu me destes; a ti, Senhor, devolvo. Tudo é teu. Disponde deles segundo tua Santa Vontade. Dai-me somente teu amor e tua graça, isso me basta, nada mais quero pedir.

Como se vê, esse tipo de oração e os sentimentos espirituais por ela expressos podem provir apenas de uma fé sólida. Uma fé sólida, falando de modo geral, é inculcada na alma sobretudo quando somos crianças. Por isso notávamos esta manhã quão grave dano representa a falta de educação religiosa em família. Quando a fé sólida não é inculcada desde criança, será necessário em um segundo momento recuperar o tempo perdido, o que é sempre mais difícil como demonstra, por exemplo, a dificuldade existente ao se aprender uma língua quando já se tem uma idade avançada. Ao contrário, a língua materna é aquele que se fala melhor, com agilidade de palavras, com exatidão de pronúncia e correção gramatical. A mente da criança é uma mente prodigiosa: é como uma esponja que absorve tudo e o imprime para sempre em seu interior. Como é importante, portanto, que junto ao leite materno seja dado aos pequenos também o leite da fé! Como sacerdotes, devemos ter muito presente a reta formação na fé das crianças. Não as desprezemos. Recordemos que com frequência Nossa Senhora não apareceu aos adultos, mas às crianças. Isso significa que eles estão em condições de compreender e também de fazer sacrifícios por Deus.

A fé sólida, inculcada em nós quando éramos pequenos ou recuperada em seguida, deve permanecer como tal, ou seja, sólida. E, novamente, deve permanecer sólida tanto no plano pessoal quanto no doutrinal. O sacerdote deve cuidar bem de sua própria fé tanto com estudos e leituras oportunos (para a *fides quae*) quanto com a oração e a penitência (para a *fides qua*). Os latinos dizem *nemo dat quod non habet*: ninguém pode dar o que não possui. Portanto, como daremos a fé se não temos fé?

É útil, para fortalecer a fé, também de vez em quando pô-la à prova. Em geral serão provas pequenas: por exemplo, deixar, em um programa que projetamos, algo de indeterminado, a fim de evitar que nossa soberba pretenda dominar e estabelecer tudo. Isto é, deixar um pequeno espaço do qual o Senhor deverá cuidar e não eu, de modo que permaneça desperta minha consciência de que o homem propõe, mas é Deus que dispõe.

Um outro exemplo é proposto por um bom bispo ainda vivo nos Exercícios Espirituais por ele pregados. Ele disse aos sacerdotes que faziam os Exercícios: "De tempos em tempos zerai vossa conta bancária. Tomai tudo que tendes e dai aos pobres ou para reformar a igreja ou para adquirir paramentos e objetos litúrgicos adequados. Zerai a conta bancária. Fareis, assim, a experiência de tantas pessoas que vivem esperando que chegue o final do mês, quando receberão o salário ou a pensão. Muitos milhares de famílias vivem assim e, talvez, tenham um sentido da Providência mais vivo do que tantos sacerdotes que estão tranquilos apenas porque têm muitas reservas".

É uma proposta certamente forte, mas justamente por isso nos toca. Quantos fiéis não têm dinheiro e, no entanto, os vemos felizes e tranquilos. Confiam em Deus mais do que nós. Sim, têm mais fé do que nós! Certamente não leram tantos livros como nós, não sabem tantas coisas como nós. Sabem poucas coisas sobre a fé, mas as vivem verdadeiramente.

Coloquemos nossa fé um pouco à prova de vez em quando. Se não conseguimos zerar nossa conta bancária porque nossa fé é muito pequena para isso, então pensemos em algo mais fácil. Mas Deus, na Bíblia, com frequência põe à prova a fé de seus eleitos, a fim de ver se de fato creem Nele. Os Exercícios Espirituais, no fundo, não são também isso? Não são um momento de por a nu, e, portanto, de por à prova, o estado e nossa fé? Não são um momento de pedir a Deus que nos dê mais fé, de aumentar nossa fé, como pediram os apóstolos (Lc 17,6)? Certamente os Exercícios Espirituais são também isso. Queremos ser sacerdotes mais zelosos? Peçamos ao Senhor que aumente nossa fé e disponhamos, também de nossa parte, de meios bons para alcançar esse fim.

Senhor, aumentai nossa fé (Lc 17,6)!

Abraão teve fé no Senhor e Deus o confirmou como justo (Gn 15,6; cf. Rm 4,20-25).

Para concluir, uma pequena anedota edificante, da biografia de São João Bosco. Um dia, o santo literalmente não tinha nada para por na mesa para alimentar tantos jovens alunos de seu oratório. Não tinha sequer dinheiro em caixa para comprar alguma coisa. A situação era desesperadora: ele jejuaria de bom grado, mas e seus meninos? Foi à capela e dirige uma fervorosa súplica a São José, dizendo-lhe que tivera como tarefa na terra prover tudo aquilo que era necessário para Jesus e Maria. Após um pouco de tempo, apresentou-se à porta do oratório um senhor que nunca havia sido visto, que deixou uma grande quantidade de víveres para saciar os meninos ali hospedados. São José havia atendido mais uma vez!

Aprendemos dessa história algo muito importante. São João Bosco não era ingênuo. Ele não havia inaugurado ou desenvolvido sua obra sem se preocupar de algum modo com a gestão econômica, mas, ao contrário, sabemos que muitas de suas incumbências diziam respeito à administração do instituto nascente. Mas em uma obra de tal gênero podem ocorrer coisas não previstas, como naquele dia em que faltou completamente comida para os rapazes. Dom Bosco, contudo, sabia que onde o homem não pode prever, Deus pode prover. Além disso, ele sabia que aquela obra não havia sido inaugurada segundo seu plano pessoal, mas seguindo o plano que lhe fora inspirado por Deus. A obra de Dom Bosco era, na verdade, a obra de Jesus. Portanto, Jesus devia intervir ao menos nas emergências. E foi sempre assim.

Episódios desse gênero se encontram aos milhares nas biografias dos santos. Por que? Não porque fossem super-homens, mas porque eram homens de fé. Oremos para que o Espírito Santo dê também a nós a fé simples sólida dos santos.

O sacerdócio não como "trabalho", mas como caminho de santificação para nós e para o rebanho que nos foi confiado

I

Retomemos o tema da fé. Viver de fé significa viver centrado em Deus por meio de Jesus Cristo, sob a ação do Espírito Santo. O Espírito Santo que habita a alma do sacerdote ordena sua vida de modo teocêntrico e cristocêntrico, ou seja, Deus e Cristo são o centro, a Vida de sua vida. É muito importante refletir sobre essa orientação que o próprio Espírito Santo possui e que, em consequência, infunde nas almas.

Na teologia católica recente desenvolveu-se, mais que em épocas passadas, a reflexão pneumatológica. Entre os tantos exemplos possíveis, poderemos aqui recordar a obra em três volumes de Yves Congar, intitulada *Creio no Espírito Santo*. Como nas últimas décadas desenvolveu-se sobretudo a literatura teológica penumatológica? As causas podem ser muitas. Um setor de teólogos deu-se conta de que a teologia católica parecia menos completa do que a ortodoxa em relação à Terceira Pessoa da Trindade – esse é um primeiro motivo: pretendeu-se, portanto, preencher um "vazio pneumatológico". De outro lado, houve certamente também motivos ecumênicos. É conhecida de todos o doloroso cisma ocorrido entre a Igreja romana e a constantinopolitana, sob o patriarca Miguel Cerulário, em 1054. Diversos estudos recentes (cf. M. Gagliardi. *Il* Filioque. Libreria Editrice Vaticana, 2015). mostram que, provavelmente, a questão do *Filioque* não foi a verdadeira causa que desencadeou a separação de Constantinopla de Roma. Esse motivo doutrinal pode ter sido acrescentado depois, sendo antes outras as verdadeiras razões do cisma. Além das teses históricas, é um fato que há quase mil anos a doutrina do *Filioque* representa uma das principais pedras de tropeço que parecem justificar a separação das Igrejas ortodoxas da Igreja católica. Os teólogos do século XX sentiram-se, portanto, responsáveis por estudar melhor a doutrina sobre o Espírito Santo, a fim de ver se e como as incompreensões doutrinais poderiam ser reduzidas ou mesmo eliminadas. Portanto, esse seria um segundo motivo do aumento de atenção pneumatológica em âmbito católico: a nova sensibilidade ecumênica desenvolvida em torno à época do Concílio Vaticano II.

Desejamos mencionar também uma terceira razão, de algum modo ligada à segunda. O ecumenismo, com efeito, dirige-se não apenas aos ortodoxos, mas também às várias comunidades protestantes. Em particular, os teólogos católicos tentaram reformular a compreensão teológica da graça, considerando também a posição protestante na qual é importante a questão da experiência subjetiva da salvação. Para a teologia católica clássica, a graça, mais do que uma questão de "sentir-se" salvo, trata-se de "ser" objetivamente salvo. Daqui também a ênfase posta nos sacramentos, sinais eficazes objetivos da graça. Mas, para Lutero, e para as correntes que nascem dele, o tema era mais "Como *eu* encontro um Deus misericordioso?". A ênfase recai sobre o "eu". Com sua ênfase no sujeito, Lutero é um verdadeiro representante da modernidade.

Os teólogos católicos, portanto, sentiram-se responsáveis por reformular a teologia da graça com base nessas exigências subjetivas de perceber de algum modo a graça. E aqui se introduz o estudo do Espírito Santo, o qual nos daria tal "experiência" da graça. No âmbito dos Exercícios Espirituais, não podemos, nem devemos, entrar em questões teológicas de modo aprofundado. Esses breves acenos servem somente para indicar alguns dos motivos pelos quais, há várias décadas, fala-se e escreve-se muito mais do que no passado sobre a Terceira Pessoa da Trindade. Sequer é nossa tarefa denunciar neste lugar os problemas e a criticidade de tantas novas abordagens da pneumatologia.

Que nos detenhamos somente no aspecto positivo: certamente é bom estudar de modo mais detido a figura do Espírito Santo, de modo que a boa teologia possa nos ajudar, nos limites do possível, a compreender melhor Quem é e como age Aquele que é o Terceiro em Deus. Deixemos de lado os vários problemas da pneumatologia recente e nos detenhamos apenas naquilo que é bom.

Diversos pneumatólogos católicos nos fizeram notar um fato muito verdadeiro. A Bíblia geralmente não põe o Espírito Santo em primeiro plano. Ele é claramente revelado na Escritura, mas em geral prefere permanecer escondido, silencioso. Age (isso é certo), mas não reivindica um papel de protagonista, embora o tenha. Exceto em um caso, o Espírito Santo nunca fala em primeira pessoa. A única exceção está em Atos 13,2, em que o Espírito diz: "Separai para mim Barnabé e Saulo para a obra para a qual os chamei". Em todos os outros numerosos textos em que a Bíblia faz menção ao Espírito Santo, Ele não fala. Age, isso sim; mas o faz de modo que sejam evidenciados o Filho encarnado e, por meio Dele, o Pai. Por isso, os teólogos dizem que a tarefa do Espírito Santo, por assim dizer, não é a de chamar a atenção sobre si, mas de remetê-la a Cristo e, por Cristo, ao Pai. Ele desenvolve uma ação cristocêntrica e teocêntrica. O Espírito Santo fala muito pouco. Antes, segundo uma bela expressão de um teólogo católico, o Espírito Santo diz uma só palavra: "Jesus" (Jo 15,26-27; 16,13-15).

Essas belas reflexões, fundamentadas na Escritura, foram retomadas de modo doutrinariamente mais sintético e sistemático pela Declaração *Dominus Iesus*, que confirmou a fé da Igreja em muitas doutrinas fundamentais, dentre as quais, a referente ao fato de que a ação do Espírito Santo no mundo e na Igreja não é, nem poderia ser, alternativa ou concorrencial em relação à obra de Jesus Cristo. Em outras palavras, o Espírito Santo não se ocupa de coisas diferentes em relação às de Cristo, não constitui vias paralelas de salvação, alternativas à única via que é Jesus Cristo. O Espírito Santo, ao contrário, orienta sempre os homens para o mistério pascal de Jesus, como o Vaticano II já ensinava antes da *Dominus Iesus*. É totalmente errado pensar que o Espírito Santo construa caminhos paralelos ou alternativos de salvação.

O Espírito Santo, ao contrário, atrai os homens para o único caminho verdadeiro: Jesus Cristo. No interior da Igreja, além disso, o Espírito Santo infunde nas almas a graça de Cristo. Não uma graça diferente, mas aquela do Senhor Jesus, por Ele merecida na cruz. Por isso, o Vaticano II fala de "mistério pascal" de Cristo (*Gaudium et Spes*, n. 22) com o qual o Espírito põe os homens em contato: é o mistério da paixão, morte e ressurreição. Esse mistério nos é participado, por obra do Espírito Santo, de muitos modos, mas sobretudo mediante a objetividade dos sacramentos.

É, por exemplo, a ação do Espírito Santo que, no Batismo, lava os pecados e insere as pessoas no Corpo Místico do Filho encarnado. Os teólogos especificam que, na verdade, é toda a Trindade que opera no mundo e nunca apenas uma Pessoa, exceto no caso da Encarnação do Verbo, se considerada segundo sua realização final (ou seja, a união das duas naturezas). Todavia, falando de modo aproximativo, desde sempre dizemos que o Espírito Santo o realiza. Do mesmo modo, recordamos que, na Santa Missa, é o Espírito Santo, invocado mediante a epiclese sobre as oferendas, que opera a transubstanciação do pão e do vinho em Corpo e Sangue de Cristo. Tudo isso, e tantas outras coisas, o Espírito Santo o faz de modo discreto, de modo silencioso, sem querer aparecer nem ser protagonista. Mas o faz com sua potência divina.

Ele é o Hóspede secreto das almas dos justos que estão na graça. Ele é o Princípio da inabitação trinitária em nós. A teologia católica do passado talvez tenha cuidado menos da reflexão sobre a Terceira Pessoa justamente por causa disto: Ele é sumamente discreto e silencioso, mas isso não significa que esteja ausente ou inerte. Ele age com a "força do silêncio". Por isso, um dos efeitos visíveis de sua ação e presença em nós é propriamente este: se e em que medida temos capacidade de silêncio, interno e externo. Sua grande discrição, contudo, não deveria justificar nossa desatenção a seu respeito. Em sua Tradição, a Igreja esteve atenta a esse respeito, se nem sempre no plano teológico, certamente no plano litúrgico e devocional. A solenidade de Pentecostes faz parte do calendário litúrgico desde tempos imemoráveis. Além disso, a Igreja compôs hinos magníficos para adorar e rezar ao Espírito Santo, como os célebres *Veni, Sancte Spiritus* ou *Veni, Creator Spiritus*. Os santos, além disso, sempre cultivaram a devoção ao Espírito Santo, que é muito importante. Se me permitem uma recordação pessoal, mencionarei que, em um certo sentido, minha família e eu devemos o fato de sermos cristãos a uma congregação religiosa que está sob o patrocínio da Terceira Pessoa: os Padres Espiritanos, que com enorme sacrifício pessoal evangelizaram minha terra natal e uma parte importante da África.

Portanto, ao falarmos da santificação sacerdotal, devemos mencionar esses elementos (embora aqui expostos apenas de modo breve) sobre o Espírito de Deus que é o próprio Deus. A santificação do sacerdote é, obviamente, obra do Espírito Santo. E devemos prestar atenção a esse respeito. Dissemos: o que o Espírito faz? Conduz a Cristo e, por Ele, ao Pai. Logo, a ação santificante do Espírito Santo em nós consiste nisto: Ele quer conduzir os sacerdotes a Cristo e, mediante Cristo, a Deus Pai. "Eu sou o caminho, a verdade e a vida. Ninguém vai ao Pai a não ser por mim" (Jo 14,6). A santificação é cristocêntrica e teocêntrica.

O sacerdote santo, então, não é aquele que vive sem pontos de referência. Seus pontos de referência são Cristo e Deus. O sacerdote não é alguém que busca caminhos alternativos, caminhos novos. Com efeito, o Espírito não abre caminhos alternativos em relação à única via. O sacerdote, ao contrário, é chamado a percorrer com perfeição o caminho que é o Mestre, Jesus, o Filho de Deus que o conduz a ver e contemplar o rosto do Pai. "Se me conheceis, conhecereis meu Pai: já o conheceis e o vistes" (Jo 14,7). E ainda, o sacerdote é santificado pelo Espírito segundo o modo habitual pelo qual essa Pessoa divina age, ou seja, de modo mais objetivo e eficaz, mas silencioso, e não de modo altissonante e ruidoso. Em outras palavras, como para qualquer outro cristão, a santificação para o sacerdote não é uma experiência subjetiva da graça, mas consiste antes em uma ação objetiva e eficaz do Espírito Santo nele.

Esse último aspecto é de particular atualidade. Hoje, mesmo em vastos setores da Igreja católica, parece ter penetrado uma espiritualidade que possui alguns traços protestantes. Dizemo-lo sem preconceito em relação a nossos irmãos separados. É apenas uma observação de mérito. Segundo a espiritualidade protestante (ainda que não distingamos entre os tantos tipos de protestantismo existentes), podemos dizer que o aspecto do "sentir-se salvo" é fundamental. Esse sentimento da própria salvação pode ser declinado de modos muito diferentes conforme as várias correntes do protestantismo. A espiritualidade de um luterano clássico, por exemplo, não corresponde àquela das recentes correntes pentecostais. De qualquer modo, trata-se do seguinte: para o protestante, é fundamental "saber" de algum modo que se está justificado. Mas, para nós, católicos, o mais importante não é "saber" ou "experimentar", mas ter os elementos de certeza moral para considerar prudentemente se "estar" na graça de Deus. É menos questão de experiência e mais de objetividade. Isso ao menos segundo a espiritualidade católica clássica.

Dizíamos que recentemente a sensibilidade para com a experiência da graça penetrou também vastos setores eclesiais. Isso pode ser notado tanto nas práticas de espiritualidade quanto na liturgia. Um dos motivos, por exemplo, pelos quais tantos sacerdotes cometem abusos litúrgicos, introduzindo nos ritos sagrados o que não é previsto pelas normas da Igreja, é justamente o seguinte: consideram que o rito, se observado fielmente, resultaria repetitivo e enfadonho. Daí deduzem que se deva fazer algo para personalizá-lo, para considerá-lo nosso, ou (ou como com frequência se ouve dizer) para que a celebração seja "sentida". O verbo "sentir" nesse caso não se refere a perceber, ou seja, não quer dizer que os fiéis possam se dar conta das palavras que são ditas. Nesse caso, "sentir" refere-se aos sentimentos subjetivos. Os fiéis devem sentir-se envolvidos na ação litúrgica, devem experimentar um sentimento de alegria, talvez mesmo de euforia, estar em um estado de exaltação durante a celebração. Tendo essa impostação, tal "sentir" não seria possível se o rito tal como estabelecido pela Igreja fosse respeitado.

É possível dar outros exemplos. Um deles diz respeito aos momentos de silêncio, tanto na liturgia quanto em outros momentos de oração. Em tais ocasiões nota-se uma verdadeira incapacidade de estar em silêncio diante do Senhor. O Salmo 39,10 diz, dirigindo-se a Deus: "Calado, não abro a boca, pois sois vós que agis". É uma frase muito bonita, que expressa bem o espírito de oração e adoração. Diante do Senhor não temos necessidade de dizer tantas palavras. Recordemos o famoso episódio em que o camponês da paróquia de Ars que passava um longo tempo na igreja diante do tabernáculo. Um dia, o Santo Cura perguntou-lhe como passava tanto tempo ali, o que fazia, no que pensava, o que dizia ao Senhor durante suas longas visitas. E o camponês respondeu: "Nada, padre, eu olho para ele e ele olha para mim". Talvez aquele camponês não conhecesse o versículo 10 do Salmo 39, mas certamente o vivia!

O Espírito vem em auxílio de nossa fraqueza; com efeito, não sabemos como rezar de modo conveniente, mas o próprio Espírito ora em nós com gemidos inefáveis; e aquele que perscruta os corações sabe o que deseja o Espírito, pois ele intercede pelos santos conforme dos desígnios de Deus (Rm 8,26-27).

"Calado, não abro a boca, pois sois vós que agis". O Espírito Santo é silencioso, quase nunca fala. Um ícone do Espírito Santo é São José, que nos evangelhos nunca fala, mas age, e como! O Espírito Santo não soa a trombeta diante de si, como os fariseus, quando faz algo de bom para nós. Não percebemos sua presença e sua ação a não ser pelos dons que confere e pelos frutos que produz. Por isso, também nós aprendemos que a verdadeira espiritualidade consiste em estar diante de Deus em silêncio porque Ele age.

Voltemos ao que dizíamos sobre a incapacidade de silêncio por parte de tantos sacerdotes e fiéis atuais. Sabemos que o rito da Missa aprovado por Paulo VI prevê explicitamente momentos de silêncio sagrado. Mas, hoje, quantos sacerdotes o observam? E isso também é verdade fora da Missa. Por exemplo, quando se faz a adoração eucarística na paróquia pode ser útil ler algum breve trecho bíblico ou da obra de algum santo para ajudar a meditação e a contemplação. Mas com frequência ocorre que toda a hora de adoração é preenchida de leituras e de cantos. E, nos momentos que seriam destinados ao silêncio, ainda assim se soa um fundo musical ou mesmo se toca uma música gravada para que acompanhe o silêncio. Mas tal fundo musical de fato acompanha o silêncio ou o anula? O destrói?

Com frequência, também não falta uma deriva sentimental, tanto nos textos que são lidos quanto nos cantos que são executados. De onde provém esse "sentimentalismo" espiritual? Provavelmente, da ideia que mencionávamos acima: que é preciso que durante a oração não falte o "sentimento" do Espírito Santo. Aqui, contudo, pode haver uma armadilha. O Espírito de Deus, com efeito, certamente opera "moções" em nós. Ou seja, Ele suscita movimentos interiores em nosso espírito criado, fazendo-nos sentir uma atração espiritual para o verdadeiro, o belo e o bem, portanto, favorecendo nossa conversão. Mas as "moções" do Espírito Santo, que não raro podem ser acompanhadas por certo sentimento, não coincidem *tout court* com as "emoções".

É preciso sobretudo estarmos atentos para não identificarmos algumas percepções do Espírito Santo com sensações produzidas artificialmente mediante técnicas de oração ou criações pseudo-litúrgicas. Nesse caso, o homem pode substituir a Deus. Não se trataria mais do Espírito Santo que – como ensina o Senhor – sopra onde quer. Aqui o Espírito deveria soprar onde e quando nós queremos. Ele deveria se colocar a serviço da boa realização de nossos *meetings* religiosos, garantindo e assegurando que todos "se sintam" contemplados em tais circunstâncias.

Entretanto, a multissecular experiência espiritual dos santos mostra que as coisas não são assim. O Espírito Santo pode certamente dar uma íntima sensação de paz e de alegria, e tantas vezes Ele o faz. Mas o faz como, quando e onde Ele quer, ou seja, quando vê que aquilo é bom para nós. Em muitos outros momentos, o Espírito Santo pode também agir em nós sob a forma de desolação, como mostram – só para citar dois nomes – os grandes santos carmelitas Teresa d'Ávila e João da Cruz. Não apenas a alegria espiritual, mas também a noite escura são modos pelos quais o Espírito Santo se manifesta e age.

Em suma, em seu caminho de santidade, o sacerdote não é chamado a buscar sensações, não deve buscar o próprio "sentir-se bem". Deve, ao contrário, seguir as moções espirituais que o orientam para o bem e nele despertam o zelo missionário pela salvação das almas. E é preciso que tais moções sejam recebidas na alegria, ainda que se apresentem em momentos de desencorajamento, de humilhação ou de desolação. A santidade não é um estado de alma, mas é algo objetivo. É importante citar a esse respeito o versículo 5 do capítulo 2 da Carta aos Filipenses. Sabemos que Filipenses 2,5-11 contém o famoso hino cristológico no qual se descreve a parábola descendente e ascendente de Cristo, que, embora sendo de divina condição, humilhou-se a si mesmo até a cruz e depois foi superexaltado na glória. Mas esse hino é assim introduzido por São Paulo: "Tende em vós os mesmos sentimentos de Cristo Jesus". Assim em geral se traduz. Mas devemos compreender o que são esses "sentimentos" de Jesus. No original grego, São Paulo não usa um substantivo, mas um verbo: *phronéite*. O termo *phronéin* não indica os sentimentos superficiais e passageiros, mas o pensamento e a ação que dele se segue. Portanto, São Paulo diz aos filipenses (e a todos nós): agi de modo coerente com o reto pensamento, assim como fez Cristo, que mesmo sendo Deus, humilhou-se, etc. Esses são os "sentimentos" de Cristo! Pensamento reto e reta ação. Trata-se de coisas objetivas, não de estados de alma. É triste ver como em alguns seminários há décadas se ensine aos futuros sacerdotes um modo de orar subjetivo e sentimentalista. O seminário deveria assemelhar-se mais a uma escola de adestramento militar onde se preparam os jovens cadetes para as futuras batalhas do que a uma escola de técnicas pseudo-psicológicas de índole sentimentalista. Recuperemos, portanto, uma visão sadia da santidade, que implica também a virilidade própria do ministro de Deus.

II

A última anotação desta manhã diz respeito à virilidade do sacerdote. Entre tantos aspectos que ela comporta, há o aspecto típico da psicologia viril que consiste em se responsabilizar por uma família e provê-la. Novamente retorna a imagem de São José, que, para nós, sacerdotes, é sempre de grande inspiração. Ele foi castíssimo, como também nós devemos ser, ainda que o mundo ocidental tenha o projeto satânico de destruir nossa castidade sacerdotal. Viveu com Maria um matrimônio verdadeiro, em perfeita continência. Contudo, foi um verdadeiro esposo e um verdadeiro pai. Ou seja, como verdadeiro homem, assumiu suas responsabilidades. Embora não fosse pai natural de Jesus, assumiu a responsabilidade paterna sobre Cristo no momento em que acolheu o chamado revelado pelo anjo. Além disso, já antes desses eventos, ele havia se decidido a desposar Maria. Nem mesmo diante da novidade extraordinária da Encarnação do Verbo, São José retrocede na palavra dada. Tomou consigo sua noiva e também o Menino que agora, por obra do Espírito Santo, ela carregava em seu ventre virginal, e deles cuidou até o dia de sua morte.

Como não ver nele um exemplo para o sacerdote? O sacerdote, dizíamos, é chamado à continência perfeita, como São José. E, como ele, como verdadeiro homem que é, o sacerdote deve se encarregar de suas responsabilidades para com a esposa e para com os filhos. A esposa do sacerdote é a Igreja. Os filhos são os fiéis. O caminho de santidade do sacerdote não é um caminho isolado. Ele percorre as estradas da santidade junto à sua esposa e a seus filhos. É belo e importante sublinhar tanto a plena virilidade quanto a esponsalidade e a paternidade de todo sacerdote. Sabe-se que só os homens (*virî*) podem ser ordenados, e isso pelo querer de Cristo, um querer que ninguém pode mudar. Sabe-se também que o celibato na Igreja latina é parte integrante da vocação ao sacerdócio. É verdade que sobre ele usualmente não se diz que é de direito divino, mas que é uma decisão da Igreja e que, portanto, a disciplina poderia mudar. Mas é também verdade que tal mudança – que, em si, não se oporia diretamente à doutrina – representaria um empobrecimento grave da consolidada disciplina eclesial, recebida, dizem o Concílio de Elvira (305) e o Concílio de Cartago (390), dos apóstolos. E não se trata apenas de disciplina, mas de espiritualidade, no sentido mais forte da palavra. Há estudos muito sérios, históricos e dogmáticos, que afirmam que – embora o celibato em si seja uma disciplina afirmada de modo progressivo na história da Igreja – a continência do clero, ao contrário, seria um fato originário, que remonta a Jesus e aos apóstolos[1]. Sabemos que

---

[1] "Seria possível objetar que o Oriente cristão conhece desde sempre sacerdotes casados e que isso não suscita nenhum problema. Isso é falso! O oriente cristão permitiu muito tardiamente que os homens casados ordenados pudessem ter relações

ao menos alguns dos apóstolos eram casados, portanto, o celibato em sentido estrito não é uma *conditio sina qua non* para o sacerdócio. Os sacerdotes do rito oriental de fato podem ser escolhidos entre homens casados. Mas o que em geral não se recorda é que, nos costumes das Igrejas orientais, contempla-se que, ao menos um dia antes de celebrar a Divina Liturgia (isto é, a Eucaristia), o sacerdote não deve se unir à sua mulher. Mesmo nas Igrejas orientais, portanto, permanece essa memória da continência sacerdotal, ainda que de forma intermitente. A Igreja latina, ao contrário, há muito tempo considerou melhor que a continência sacerdotal fosse perfeita. Daqui a lei eclesiástica do celibato, cujo fim é justamente o de considerar estável a continência. Em síntese, se é verdade que o sacerdócio em si é lei eclesiástica, a continência, ao contrário, parece estar vinculada ao ministério sacerdotal desde a época dos apóstolos. Não é, portanto, melhor observar tal continência de modo perfeito ao invés de descontínuo? São Pedro – que era casado – disse a Jesus: "Nós deixamos tudo e te seguimos" (Mt 19,27). O apóstolo não teria podido falar assim se ele tivesse permane-

---

sexuais com suas próprias mulheres. Tal disciplina foi introduzida pelo Concílio de Trullo em 691. A novidade surgiu em decorrência de um erro na transcrição dos cânones do concílio que havia ocorrido em 390, em Cartago. De resto, a grande inovação desse concílio do século VII não consiste na eliminação da continência sacerdotal, mas em sua limitação ao período que precede a celebração dos Santos Mistérios. O vínculo ontológico entre ministério sacerdotal e continência é mantido e advertido" (R. Sarah. *Do profundo de nossos corações*. **São Paulo, Fons Sapientiae, 2019, p.).**

cido em casa com sua mulher. A continência perfeita está implicada nesse "tudo" ao qual São Pedro se refere. De outro modo, seria um ter deixado somente "uma parte", ou ter deixado "em certos momentos e em outros não". Como se sabe, as cartas pastorais do Novo Testamento descrevem o bispo como "homem de uma só mulher", em latim *unius uxoris vir*. Mesmo sobre essa fórmula há diversas interpretações de exegetas e teólogos, sobre as quais não podemos nos deter (cf. 1Tm 3,2; 3,12, sobre os diáconos). Mesmo admitindo que no início os bispos fossem casados e, portanto, a fórmula, literalmente, refira-se ao fato de que um bispo não possa ser escolhido entre os divorciados "casados novamente", no plano da interpretação espiritual o texto revela potencialidades realmente excepcionais. Um sacerdote celibatário deve também ele ser *unius uxoris vir*, ou seja, casado com uma só mulher e essa mulher é a Igreja, à qual ele deve ser fiel por toda a vida. Assim, o sacerdote é um verdadeiro *vir ecclesiasticus*, um homem da Igreja, ou um homem da Igreja e para a Igreja, totalmente dedicado a ela, tal como todo homem casado deve dedicar todas as suas energias, por toda a vida, à sua única mulher legítima.

Retorna nesse contexto também o belo aspecto da virilidade do sacerdote, que deve ser um homem verdadeiro e, portanto, também homem forte, homem de costas largas, capaz de suportar "o peso da jornada (ou seja, da vida) e o calor (ou seja, as dificuldades)", como lemos na parábola evangélica (cf. Mt 20,12). É muito triste ver certos sacerdotes que, ao contrário, apresentam em seu trato uma certa fraqueza pouco viril. Certamente virilidade não significa rudeza, má educação, agressividade. Ao contrário, diz-se oportunamente que "a calma é a virtude dos fortes". Virilidade significa muito menos vulgaridade no falar, como – ai de nós! – se constata por vezes na boca de certos sacerdotes que se permitem até usar duplos sentidos de fundo sexual quando conversam com as pessoas, ou recorrem espontaneamente a palavras de baixo calão e vulgares. Agir assim não coincide com sermos verdadeiros homens, mas apenas com sermos inoportunos e mal educados, ao mesmo tempo produzindo escândalo. Que nunca aconteça que haja vulgaridade ou trivialidade em nosso falar! isso nem mesmo quando nos comunicamos amigavelmente com nossos fiéis, em particular com os jovens. Ao estarmos com as pessoas devemos ser – como diz São João Crisóstomo – resplandecentes como o sol. Mesmo entre os jovens devemos sempre representar Cristo e nunca somente sermos um amigo entre outros. Amigos, sim, mas com distinção. Amor e benevolência para com todos, mas evitar a familiaridade excessiva. Um pai que não age como pai, mas como amigo dos filhos, colocando-se no mesmo nível que eles, faria mal aos filhos. É justo sermos amorosos; é equivocado não ser respeitável. Um pai, além de dar amor, deve também saber exigir moderadamente o devido respeito a sua condição. E isso também é amor, pois faz bem aos filhos, os educa, os faz crescer bem, ou seja, de modo ordenado. A familiaridade excessiva do sacerdote com os fiéis é sempre danosa. Com isso não se quer dizer que ele deveria ser frio e distante. Deve ser um padre. O sacerdote, verdadeiro homem forte e amoroso, é, portanto, esposo e pai. A psicologia viril do sacerdote conjuga-se com a esponsalidade com a Mulher-Igreja. Há uma espiritualidade das núpcias místicas com o Esposo Jesus Cristo. Em linha geral, essa profunda espiritualidade é mais apta à psique feminina do que à masculina. Uma mulher consagrada se identificará melhor com essa perspectiva do que um sacerdote, a menos que o sacerdote recebe uma luz particular de Deus, que o chama a se santificar por tal caminho. É possível, mas parece que se trata de casos raros. Mais apto à espiritualidade sacerdotal parece ser a relação esponsal com a Mulher, ou seja, com a Igreja. O sacerdote desposou a Igreja. Deve nela pensar dia e noite. Deve ser enamorado da Igreja. O amor pela Igreja o levará a se sacrificar de bom grado por ela, por seu crescimento e sua consolidação, sua beleza será irradiação de sua santidade.

O sacerdote enamorado também quererá sempre defender a Igreja dos ataques dos inimigos. Isso também é normal para quem ama. Em tempos passados, ensinava-se nos seminários a apologética. Há algumas décadas ela não é mais ensinada, pois – diz-se – é um exercício intelectualista além de ser uma postura não dialógica. Embora sempre seja preciso guardar-se do racionalismo (que, contudo, pode estar presente também nas correntes teológicas mais recentes, que suplantaram as precedentes), não obstante o fato de que um diálogo razoável seja em si algo bom, diga-se que a apologética, se bem desenvolvida, é útil e necessária. Não devemos ser ingênuos. Além das pessoas que querem dialogar sinceramente com os cristãos haverá sempre outras que, ao contrário, pretenderão abater e destruir o cristianismo. São Pedro nos diz que devemos estar sempre prontos a dar razões (*logos*) de nossa esperança (cf. 1Pd 3,15). O apóstolo acrescenta que isso deve ser feito com doçura e respeito. Mas deve ser feito! E o conteúdo dessa ação não são a doçura e o respeito, que são o método. O conteúdo é o *logos*. A apologética nasce daqui, do *logos*, como toda a teologia. A apologética, então, é um ato de amor: por Deus, por Cristo, pela Igreja. Quem ama defende a pessoa que ama se ela for injustamente atacada. Assim nos exortava Paulo VI no *Angelus* de 19 de março de 1970. Na esteia de São José, devemos também nós defender a Igreja, guardar fielmente a Doutrina de Cristo, protegê-la de seus inimigos:

> A missão que ele [São José] exerceu no Evangelho, a favor de Maria e de Jesus no quadro histórico da Encarnação, uma missão de proteção, de defesa, de guarda, de sustento, deve-

mos esperar e implorar que o humilde, grande Santo a queira continuar em favor da Igreja, que é o Corpo Místico de Cristo; é Cristo que vive na humanidade e continua na história a obra da redenção. Como no Evangelho da infância do Senhor, a Igreja tem necessidade de defesa e de ser conservada íntegra na escola de Nazaré, pobre, laboriosa, mas viva e sempre consciente e valida para a vocação messiânica. Tem necessidade de proteção para estar incólume e para operar no mundo; e hoje bem se vê quão grande é essa necessidade; por isso invocamos o patrocínio de São José para a Igreja atribulada, ameaçada, suspeitada e recusada. Mas não nos baste invocar: devemos imitar. E que Cristo tenha querido ser protegido por um simples artesão, no humilde núcleo da vida familiar, nos ensina que cada um pode proteger a Cristo no âmbito das paredes domésticas e no mundo do trabalho, da cultura, da política e dos negócios, da ciência e da tecnologia; e nos persuade de que todos o devemos, pelo fato de que todos possam professar, ou seja, defender e afirmar o nome de cristão em nossa casa e no exercício de nosso trabalho. A missão de São José se torna a nossa: guardar e fazer crescer Cristo em nós e em nosso meio.

Contudo, junto a tantos excelentes sacerdotes, há outros que são os primeiros a atacar, ou difamar, a Igreja, sua esposa. O que pensamos de uma pessoa que, quando se encontra com os amigos no bar, não faz senão falar mal de sua mulher? Esses sacerdotes, que com frequência vemos também na televisão, que atacam a Igreja, são similares a tais homens. Enquanto pensam ser bem vistos, ganharem a aprovação de quem os ouve, na verdade – falando mal da Igreja – acabam por se colocarem a si mesmos em uma péssima posição. Poderão até ser aplaudidos, aclamados e convidados aos *talk shows*. Mas, no profundo do coração, quem os ouve falar desse modo os despreza. Sim, mesmo aqueles que os convidam para falar na televisão os convidam porque são fantoches úteis nas mãos de quem dirige o *show business*. Convidam-nos, mas secretamente os desprezam. São "úteis idiotas", para não dizer "úteis traidores" de seu próprio sangue eclesial. Poderíamos imaginar São José dizer uma palavra má sobre Maria? Teria cortado a língua antes de fazer isso! Assim também nós, sacerdotes, devemos fazer: nunca difamar a Igreja em público! Como batizados, ela é nossa mãe; como sacerdotes, é nossa amada esposa.

Além disso, há os filhos. Sabemos, também por experiência, que a santificação do sacerdote consiste, dia após dia, no cuidar – porque somos "curas" – de nossos filhinhos diletos em Cristo. Em tempos não muito distantes havia esse belo hábito: todos os fiéis chamavam seu sacerdote de pai e o sacerdote se dirigia a eles, por exemplo, no início da homilia, como filhos. Hoje, com muita frequência, os fiéis chamam o sacerdote diretamente pelo nome. Esse é um desvio típico de nossa época, como o é chamar a todos por "você", até ao pai!

Ainda hoje, na África, os filhos nunca chamam o pai ou a mãe pelo nome. Pode parecer estranho, mas não é. Na Bíblia, vemos em diversos casos que os anjos, seres celestes, recusam revelar seus nomes. O uso do nome indica uma intimidade que pode ser reservada apenas a poucos. Hoje é impensável, ao menos no Ocidente, que um sacerdote não seja conhecido por seu nome. Os amigos mais próximos, é claro, podem fazê-lo. Mas nem todos os fiéis. Negativo é também o hábito de chamá-lo apenas por seu nome, sem dizer "padre" ou "dom".

Um sacerdote contou o seguinte: quando era seminarista, o bispo o enviou para fazer uma experiência pastoral em uma paróquia onde ficou por alguns anos. Ficava ali no final de semana, ajudando o pároco naquilo que podia. Naqueles anos, os paroquianos o conheceram como seminarista e o tratavam por "você", chamando-o pelo nome, o que é compreensível, dada também sua juventude. Quando foi ordenado diácono, o antigo pároco disse a todos os paroquianos que, daquele dia em diante, todos deviam usar o "dom" antes de seu nome. No começo alguns torceram o nariz e o próprio recém--diácono dizia ao pároco que isso não era necessário. Mas o pároco, que com frequência fechava os olhos para muitas coisas, foi irremovível nesse ponto. Dizia ao jovem diácono: "De hoje em diante, não és mais um fiel; és um ministro de Deus e da Igreja". E todas as vezes que algum fiel, por erro, continuava a chamar o diácono sem o "dom", o pároco o repreendia. Agiu assim por muitos meses, até que toda a paróquia aprendeu a dizer "dom" ao novo ministro de Deus. Após vários anos, contando essa história, aquele diácono, depois sacerdote, dizia: "No começo não compreendia porque o pároco insistia tanto; parecia-me excessivo. Era suficiente para mim que me chamassem apenas por meu nome. Mas depois, com o passar dos anos, entendi. O pároco tinha razão e hoje o agradeço por ter ensinado a mim e aos outros esta lição".

Trata-se apenas de uma simples anedota, a fim de indicar uma realidade que é bem mais profunda: em meio ao rebanho de Cristo, uma vez ordenados, não mais representamos a nós mesmos, mas a Ele. Chamar de "padre" ou de "dom" não é uma honra mundana, mas quer indicar concretamente esse aspecto fundamental. Assim, os fiéis se recordarão implicitamente de quem somos: ministros de Deus e da Igreja. Mas não somente eles: também nós recordaremos! Ouvir ser chamado de "padre" ou "dom", mesmo exigir gentilmente que sejamos chamados assim, não representa – repitamos – vaidade ou busca de honra mundana. Ao contrário, é um chamado à responsabilidade. Isso é verdade também em âmbitos diferentes daquele sacerdotal. Certa vez, um advogado disse: "Sou contrário à abolição dos títulos". Referia-se ao fato de que com frequência, na sociedade contemporânea, mesmo nas relações formais não se usam mais títulos como "engenheiro", "professor" e títulos semelhantes, mas se passa logo ao trato informal e se chamam as pessoas pelo nome. Por exemplo, alguém vai ao escritório de um engenheiro sexagenário e ele não se apresenta dizendo: "Prazer, Engenheiro Bianchi". Diz: "Prazer, Giulio". E se alguém, ao se dirigir a ele, o chama pelo título, ele responde: "Pode me chamar de Giulio, não engenheiro; e pode me tratar por 'você' senão me sinto velho". Aquele advogado, por isso, dizia: "Sou contrário à abolição dos títulos, pois eles não são apenas honoríficos. Indicam, certamente, uma dignidade, uma posição na sociedade. Mas o motivo pelo qual as mesmas pessoas que os possuem tendem a aboli--los é porque não querem assumir a responsabilidade que o título comporta".

Podemos aplicar essa observação também à questão do hábito sacerdotal. Quantos sacerdotes não usam a veste apropriada a seu estado! Por que não? Uma das justificativas dadas com mais frequência é que, vestindo-se como todos, podem se misturar na sociedade e serem aceitos pelas pessoas e, desse modo, aproximarem-se delas. Sobre isso devemos fazer algumas breves reflexões, pois há alguns casos históricos que podem ser evocados.

É conhecido, por exemplo, o caso do missionário jesuíta Matteo Ricci que, chegando à China, tirou o hábito religioso e se vestiu como um mandarim, ou seja, um funcionário público, sendo assim acolhido na corte do imperador. Ali, contudo, Ricci se ocupava de matérias não primordialmente religiosas. Procurava se inserir em uma sociedade fechada, a fim de poder abri-la à evangelização. Outro caso, bem conhecido dos historiadores, mas um pouco menos do grande público, é o de um outro jesuíta, Roberto de Nobili, missionário na Índia. Ele também tirou o hábito religioso, vestindo as roupas de uma casta nobre indiana, a fim de facilitar a aceitação social. Mas De Nobili se dedicava à evangelização direta, traduzindo também na língua tâmil o catecismo e os livros de orações. Sua missão teve um sucesso discreto em termos de conversões, ainda que não tivesse alcançado as cifras astronômicas de batizados obtidas por São Francisco Xavier, que sempre usou o hábito jesuíta.

Citamos esses exemplos para propor uma reflexão: quando os sacerdotes não usam as vestes que lhe são próprias, estamos seguros de que, no Ocidente do século XXI, estamos em condições análogas à China ou à Índia dos séculos passados? Em segundo lugar: o sacerdote que não usa seu hábito, o que propõe ao se aproximar das pessoas? Evangelizar para poder levá-las a Cristo ou confundir-se na massa? Devemos constatar que muitos dos sacerdotes que justificam a si mesmos por não usar o hábito, dizendo que assim as pessoas não têm dificuldades de se aproximarem deles, depois não realizam uma missão de evangelização com tais pessoas.

Na verdade, justamente em nossa sociedade, que é certamente secularizada, mas na qual restam ainda fortes traços dos séculos cristãos, as pessoas têm necessidade de que o sacerdote esteja em meio delas como sacerdote. Isso também visivelmente. De qualquer forma, isso poderá causar dificuldades ao sacerdote, mas faz parte de nossa missão. Entre todas as categorias sociais, somente uma parte dos sacerdotes hoje pensa poder cumprir o próprio dever sem usar seu uniforme. Policiais, magistrados, advogados, autoridades acadêmicas... todos mantêm a veste tradicional de seu estado. E estão certos em fazê-lo! Em nosso caso, não se trata simplesmente de um uniforme a ser usado somente quando se está em serviço. Ou talvez sim, pois nosso serviço nunca se interrompe! Por isso, sempre devemos nos vestir como sacerdotes. É claro que pode haver situações particulares nas quais não se está estritamente obrigado a isso: a prática de esportes, uma caminhada na montanha, que requer roupas apropriadas... mas, a não ser nesses casos, devemos sempre ser reconhecíveis por nossos filhos como padres e como ministros de Deus e da Igreja católica pelos não católicos. Não é formalismo, é questão de substância.

A santidade do sacerdote é marcada pela constante disponibilidade a seus filhos. Um padre não é padre apenas em alguns momentos. O padre é sempre padre.

Há alguns lugares do mundo em que o sacerdote costuma ouvir confissões apenas aos sábados, por meia hora. Se alguém se apresenta durante a semana, ainda que o sacerdote não tenha nada para fazer naquele momento, nega-lhe: "As confissões são somente aos sábados, das 17 às 17:30h". Que pai fala assim? No Evangelho, Jesus diz: "Se vós, que sois maus, dais boas coisas a vossos filhos..." (Lc 11,13). Mesmo os homens maus, os criminosos, os mafiosos, quando se trata de seus filhos, estão disponíveis. Amargamente, devemos dizer que alguns sacerdotes não mostram paternidade e são piores que os homens maus. Porque talvez os maus saibam dar boas coisas a seus filhos quando estes lhes pedem! É preciso certamente moderar as pretensões excessivas ou intempestivas dos filhos, mas é preciso sermos país, ou seja, disponíveis e generosos. Mais vale um ato de disponibilidade do sacerdote do que mil pregações.

Peçamos a Maria, Mãe dos sacerdotes, que nos ensine esse espírito verdadeiramente paterno para com seus filhos e verdadeiramente esponsal para com a Igreja.

A dignidade da Liturgia
como via de santificação para o sacerdote:
a preguiça na Liturgia é uma doença
espiritual para o sacerdote

I

Falamos, ontem, do caminho de santidade do sacerdote em relação à ação do Espírito santificador em sua alma. Recordamos que o Espírito Santo conduz o sacerdote a ser esposo da Igreja e pai dos fies. Portanto, compreendemos que o sacerdócio não é um trabalho como os outros, com um horário de trabalho. É uma vocação e uma missão que dura toda a vida e se estendem a toda a existência, dia e noite, sem turnos e horários delimitados. O sacerdote não *trabalha* como ministro de Deus; ele é ministro de Deus e representante de Cristo.

Sublinhamos ainda que o Espírito Santo realiza sua ação de modo silencioso e discreto, orientando a alma para Cristo e para Deus. A santificação, portanto, é produzida no sacerdote pela orientação teocêntrica e cristocêntrica de toda sua vida. Essas duas orientações podem se identificar em uma única orientação fundamental de nossa vida, que é a cristológica-trinitária. O teocentrismo e o cristocentrismo não são duas orientações opostas, mas duas linhas convergentes de uma única direção, impressa em nossa alma pela Terceira Pessoa trinitária.

Para se compreender essa concentricidade da orientação teocêntrica e cristocêntrica mostra-se útil recordar a visão de São João no capítulo 7 do Apocalipse. O vidente contempla o trono de Deus, diante do qual estão os anjos e as fileiras dos 144.000 em adoração provenientes de todas as tribos dos filhos de Israel (versículo 4). No versículo 9 se lê: "Todos estavam em pé diante do trono e diante do Cordeiro, vestidos com vestes alvas, tendo ramos de palmas em suas mãos". O versículo seguinte afirma: "E clamavam em voz alta: 'A salvação pertence a nosso Deus, sentado no trono, e ao Cordeiro'". O texto, tal como se apresenta, poderia fazer pensar que Deus e o Cordeiro se encontram em dois lugares diferentes: Deus sentado no trono e o Cordeiro talvez do lado do mesmo trono. Mas as coisas não são assim. Dois capítulos antes, no capítulo 5, São João havia reportado um detalhe importante de sua visão celeste: o Cordeiro não se encontra ao lado do trono, mas no próprio trono, junto ao ancião, isto é, a Deus. No versículo 6 daquele capítulo 5, o apóstolo escreve: "Vi, em meio ao trono, circundado pelos quatro seres viventes e pelos anciãos, um Cordeiro, em pé, como imolado". Portanto, o Cordeiro está em pé, sinal de que está vivo, mas, ao mesmo tempo, está "como imolado". Um cordeiro, quando é imolado, ou seja, degolado, está morto e não em pé. Esse Cordeiro, ao contrário, embora estando na forma de imolação, está em pé. É uma clara referência a Cristo, morto e ressuscitado. Jesus está vivo para sempre no céu, está em pé. Mas continua carregar eternamente os símbolos de sua gloriosa Paixão. Por isso está também "como imolado".

Ora, segundo São João, Cristo glorificado, que traz os estigmas da Paixão, não se encontra ao lado do trono de Deus, mas no centro. "Vi, no meio do trono, [...] um Cordeiro", diz o vidente. Graças a essa especificação do capítulo 5, também a visão do capítulo 7 se torna mais clara. Quando os anjos e os 144.000 se prostram em adoração diante do trono, mediante uma única prostração, um único ato de adoração, adoram simultaneamente o ancião que está sentado no trono, Deus, e o Cordeiro, Cristo, que está no meio do trono. Podemos fazer uma contemplação mental desta imagem, pensando no trono celeste em que Deus Pai está sentado e, sobre seus joelhos, o Cordeiro que está em pé e como imolado.

Essa identificação do mistério teológico e cristológico torna-se ainda mais clara no capítulo 21 do Apocalipse. Ali, Aquele que se senta no trono diz: "Eu sou o Alfa e o Ômega, o Princípio e o Fim. A quem tem sede darei de beber da fonte de água da vida" (versículo 6). Ora, no capítulo 1, versículo 8, do Apocalipse, a caracterização como Alfa e Ômega era atribuída a Cristo, não ao Pai, e o mesmo parece ocorrer em Apocalipse 22,13. Além disso, no Evangelho de João, Cristo diz sobre si mesmo que saciará para sempre àqueles que têm sede de vida eterna (cf. Jo 4,14; 6,35). Portanto, duas afirmações que na obra joanina dizem respeito ao Cristo são, no capítulo 21 do Apocalipse, atribuídas a si mesmo por parte Daquele que se senta no trono, Deus. Assim, a identificação entre mistério teológico e mistério cristológico se mostra de modo ainda mais claro. Sabemos e cremos que, como Pessoas, o Pai e o Filho são distintos. Mas somos monoteístas, cremos em um só Deus e esse Deus se chama Trindade. Por isso, o Pai pode atribuir a si – porque verdadeiramente são suas – as características não pessoais do Filho, como ser Princípio e Fim de tudo, além de ser Aquele que sacia a alma. Também o Espírito Santo, se quisesse falar em primeira pessoa, poderia dizer a seu respeito as mesmas coisas, pois – como ensina Santo Anselmo – em Deus tudo é uno na medida em que há uma oposição de relação, ou seja na medida em que se individua a personalidade incomunicável de cada Pessoa trinitária. Com base nesse princípio, em Deus tudo é comum aos Três, exceto aquilo que é peculiaridade pessoal de cada hipóstase divina. Dado que ser Princípio e Fim de tudo não é uma peculiaridade pessoal do Filho, também o Pai e o Espírito são Princípio e Fim, Alfa e Ômega, porque é Deus (a Trindade) que o é.

Enfim, na grande visão do Apocalipse encontramos também o Espírito Santo. No versículo 1 do capítulo 22 se lê: "E em seguida mostrou-me um rio de água viva, límpido como cristal, que saía do trono de Deus e do Cordeiro". O Catecismo da Igreja Católica, n. 1137, ensina que essa imagem do rio que sai do trono de Deus e do Cordeiro é uma das mais belas imagens do Espírito Santo:

> O Apocalipse de São João, lido na Liturgia da Igreja, nos revela um trono no céu, e nesse trono Alguém sentado: "O Senhor" (Is 6,1). Além dele, o Cordeiro, "em pé [...] como imolado" (Ap 5,6): o Cristo crucificado e ressuscitado, o único Sumo Sacerdote do verdadeiro santuário, aquele "que oferece e que é oferecido, que doa e que é dado". Enfim, o "rio de água viva" que sai "do trono de Deus e do Cordeiro"

(Ap 22,1), um dos símbolos mais belos do Espírito Santo (CIgC, n. 1137).

Esse versículo contém ainda dois aspectos interessantes. O primeiro é que encontramos explicitamente a expressão "o trono de Deus e do Cordeiro", que confirma de modo definitivo o que dissemos até aqui: Pai e Filho são um único mistério, embora em sua recíproca distinção pessoal, de modo que o único trono é de ambos. Em segundo lugar, notemos que esse versículo pode ser considerado uma das passagens escriturísticas em que se revela o dogma do *Filioque*. *Spiritum Sanctum, Dominum et vivificantem, qui ex Patre Filioque procedit. Qui cum Patre et Filio simul adoratur et conglorificatur.* Com efeito, se diz que o rio, ou seja, o Espírito Santo, sai do trono do Pai e do Filho, ou seja, escorre do trono de ambos.

Queremos, contudo, chamar a atenção para o aspecto mais central da imagem: o rio escoa do trono. Usemos ainda a imaginação contemplativa: vejamos o trono com o grande Ancião e, em seus joelhos, o Cordeiro em pé e imolado. A visão do contemplante vê sobretudo esses Dois. Mas de modo mais discreto, menos aparente, há também um Terceiro que ocupa o trono: é aquele rio que escoa do trono do Pai e do Filho. O Espírito Santo aparece menos, mas está lá. E o trono é também seu. Assim, a Trindade toda é o único Deus que se senta sobre o trono da divina majestade.

O rio divino flui e entra no mundo para realizar sua obra. Notemos ainda um outro detalhe. Do Cordeiro se diz, no passado, que foi imolado. Seu presente é estar vivo, em pé sobre o trono, enquanto seu passado é ter vindo ao mundo para morrer por nós. Para o Espírito Santo, ao contrário, usa-se o presente: o rio flui. Esse presente indica, certamente, o eterno presente de Deus. Mas talvez possamos ver algo mais: o Verbo agiu na economia salvífica quando veio à terra e se imolou pelos pecadores – e, desses pecadores, os primeiros somos nós. O Espírito no presente, ou seja, em todas as épocas históricas, continua a escoar na economia, a fim de conduzir os homens a Cristo e, por Cristo, a Deus Pai.

Nesse sentido, a imagem do rio implica uma outra potencialidade. Se estamos em um vale e vemos um rio descer das montanhas, para encontrar a nascente devemos percorrer o sentido contrário do rio. Ali encontraremos a água pura, a água límpida da nascente. No "vale de lágrimas" (como diz a oração da Salve Rainha) que é esta vida, escoa o rio do Espírito Santo. Sua presença e ação suscitam nos homens o desejo da água pura, da água que não sacia a sede apenas naquele momento, mas que a extingue para sempre. O ser humano, que queria descer ainda mais no vale, para gozar das diversões e prazeres mundanos da cidade terrena, que percebe que a descida é mais rápida, mais do que subir, agora – sob a atração do Espírito – conhece algo de novo. Converte-se, ou seja, gira sobre si mesmo e muda de direção. Agora está disposto para a fadiga da subida, pois entendeu que a água que encontrará vale a pena essa fadiga. As diversões, sejam mais ou menos pecaminosas, da cidade terrena, não mais o interessam como antes. Sabe que, mesmo obtendo-as, não poderão saciá-lo eternamente. Portanto, encaminha-se e vai em busca da fonte. Quando ali chega, encontra o trono de Deus e do Cordeiro, do qual flui o Rio divino, o Espírito Santo. Aquele mesmo rio que, durante a vida, o atraiu e convenceu a seguir o caminho da santificação.

Todos esses pensamentos nos levam a considerar o papel, para dizer pouco, fundamental que a Liturgia tem na vida sacerdotal. Em sua extraordinária encíclica litúrgica *Mediator Dei*, o papa Pio XII escreveu que o dever fundamental do ser humano é orientar-se para Deus. Santo Agostinho, na conclusão de seus sermões litúrgicos, diz aos fiéis: *conversi ad Dominum*, ou seja, "voltai-vos ao Senhor". O grande bispo de Hipona, encerrando a Liturgia da Palavra com a conclusão da homilia, preparava-se para subir ao altar do Sacrifício. Por isso dizia: "Agora, voltemo-nos ao Senhor". Esse voltar-se, esse girar, era indicado pelo verbo latino *convertere*. O verbo indica exatamente o voltar-se, considerado fisicamente como "girar". Naturalmente, tem também o sentido de "mudar de vida". Mas *conversi ad Dominum* nunca significa uma só coisa, mas implica sempre dois aspectos. É preciso voltar-se fisicamente para o Senhor para celebrar o divino Sacrifício da Missa; e é preciso também se voltar figurativamente, ou seja, converter-se cada vez mais a Cristo.

Esses dois aspectos da mesma palavra foram com frequência contrapostos na mentalidade recente, mas deveriam estar vinculados, sendo inseparáveis segundo o pensamento da Igreja. O próprio Agostinho, em um de seus sermões, diz que não basta voltar-se apenas fisicamente para o Senhor, pois isso, afinal, é fácil. É preciso voltar-se tanto física quanto espiritualmente. Atenção. Santo Agostinho não diz: "É inútil voltar-se fisicamente; voltai-os apenas interiormente". Não! Ele não opõe os dois aspectos e diz: "Fazei ambas as coisas!". É uma lição de grande atualidade.

Na grande batalha desencadeada em tempos recentes em torno à Liturgia, essa orientação da ação litúrgica foi um dos temas mais debatidos. Estamos nos Exercícios Espirituais e não pretendemos entrar em tal debate nesse contexto. Interessa-nos neste momento apenas as consequências da questão para a vida espiritual dos sacerdotes. Sem, por isso, entrar nesta questão em detalhes e especificações, podemos nos limitar a notar que são possíveis dois extremismos: o de quem guarda muito o gosto tradicional pela ritualidade litúrgica e, portanto, entre outras coisas, celebra orientado fisicamente para o Senhor, mas não presta igual atenção em se converter interiormente, ou o outro extremo, de quem se esforça por viver na graça de Deus, mas despreza a importância dos sinais litúrgicos na vida espiritual.

Devemos compreender que os símbolos litúrgicos são um auxílio importante para a vida espiritual. Eles ensinam e apóiam. Exprimem conteúdos verdadeiros e nos ajudam a viver de modo coerente com tais conteúdos. Eliminar ou mesmo apenas diminuir os símbolos, pois se considera que basta apenas a conversão interior, é um erro fatal, que com frequência danifica também o caminho da própria conversão. De outro lado, guardar bem os símbolos litúrgicos, mas de modo puramente estético, isto é, privando-os de sua função de estímulo para a vida moral e espiritual, é igualmente errôneo. O ser humano é feito tanto de alma quanto de corpo. Por isso, temos necessidade de nos dirigirmos ao Senhor tanto interna quanto externamente, tanto física quanto espiritualmente.

A Liturgia representa um auxílio extraordinário à nossa conversão e santificação, e isso por dois motivos fundamentais, ligados à dupla dimensão do culto divino, que é obra tanto de Deus quanto da Igreja. Na medida em que é obra de Deus, *operatio Dei*, na Liturgia age o Espírito santificador. É o Rio que escoa na Liturgia para nos encaminhar para o trono escatológico. Na medida em que é obra da Igreja, *operatio Ecclesiae*, a Liturgia nos orienta para Deus e para Cristo mediante os gestos e os ritos estabelecidos, em sua bondade, pela mãe Igreja. O Concílio de Trento recorda que a Igreja estabeleceu os ritos litúrgicos porque é uma mãe amorosa, que conhece as dificuldades de seus filhos e quer ajudá-los. Os homens, recorda o Concílio tridentino, com muita dificuldade conseguem se orientar para e se elevar à contemplação das realidades eternas. Por isso, a Igreja, como mãe que socorre, institui os ritos litúrgicos, como ajudas para a elevação da alma para a contemplação das coisas eternas. Naturalmente, também nessa obra de instituição litúrgica feita pela Igreja, há uma ação inspirada pela Terceira Pessoa trinitária: se não em cada detalhe e tem todas as decisões particulares, certamente em seu conjunto.

Portanto, também na Liturgia o Espírito Santo é o Hóspede e o Habitante secreto. Está em silêncio, mas age. Os mais atentos poderão se dar conta do suavíssimo murmúrio de sua voz, como o sutil borbulhar de um rio da montanha. É uma voz difícil de ouvir se não se está habituado a guardar o silêncio interior e exterior. A Liturgia, por isso, além de ser experiência de gestos, ritos e orações, deveria ser sempre também escola de silêncio. Calar para poder ouvir a sutil voz do Espírito Santo. Por esse motivo, Romano Guardini dizia: Na verdade, as grandes coisas ocorrem no silêncio, não no barulho e na pompa dos eventos externos, mas na clareza da visão interior. Para Romano Guardini, o silêncio é tão fundamental, sobretudo na Liturgia.

Se alguém me perguntasse onde começa a Liturgia, responderia: com a aprendizagem do silêncio; sem silêncio tudo carece de seriedade e permanece vazio.

Na Liturgia, o Espírito exerce sua função principal, que é também em geral o fim de toda graça que é concedida ao homem: orientar o ser humano de modo teocêntrico e cristocêntrico. A Liturgia é isto: devolver a Deus o primado e adorá-lo de joelhos. Uma Liturgia antropocêntrica, ou apenas eclesiocêntrica, seria uma Liturgia descentrada. A tarefa do culto divino é reproduzir na terra a Liturgia celeste dos anjos e dos santos. A Igreja peregrina imita a Igreja triunfante. Ora, a Igreja triunfante está toda e sempre voltada para o Senhor e não para si mesma. O livro do Apocalipse representa uma clara atestação disso. Portanto, também nossa Liturgia da Igreja peregrina ou militante não deveria ser uma Liturgia "dis-traída", mas uma Liturgia "a-traída". O Espírito "traz para", "a traz", isto é, "a-trai" pra Deus e para o Cordeiro. O Espírito Santo não "dis-trai", não atrai nossa atenção para outros objetos e outros fins.

A digna e Santa Celebração do culto divino, com seus vários elementos de *ars celebrandi* e de *actuosa participatio*, é uma escola de atração teocêntrica e cristocêntrica. Por isso, a Liturgia é escola de santidade. Pois, no fundo, ser santo significa: viver a vida olhando constantemente para a eternidade, para o destino final, ou seja, para Deus e para Cristo. Santidade é relativizar o presente em vista do futuro eterno. É ordenar todas as coisas para a obtenção da Pátria celeste. Todos os dias, o sacerdote pode se reforçar no caminho da santidade se celebra verdadeiramente bem a Liturgia. Celebra-se verdadeiramente bem quando se celebra como a Igreja ordena e quando se celebra com todo o coração.

II

Do que foi dito esta manhã pode-se compreender que a celebração da Liturgia é o momento central do dia do sacerdote, bem como elemento essencial de sua santificação. Uma primeira especificação a ser feita, ainda que possa parecer banal, é que a Liturgia não consiste apenas na celebração eucarística, que, contudo, representa o ápice do culto da Igreja. Não esqueçamos de que a Liturgia é também Ofício Divino, comumente chamado de breviário, não por acaso rebatizado por Paulo VI com o nome de Liturgia das Horas, a fim de manifestar o caráter plenamente litúrgico dessa oração.

Quando o sacerdote reza o breviário, não está realizando uma ação privada. Ainda que o recitemos em privado, em nosso quarto ou na capela, sozinhos, na realidade não estamos sós. E não simplesmente porque, como recordava Bento XVI, "quem crê nunca está só". Há outra razão. Quem reza o breviário está celebrando a Liturgia das Horas, ou seja, preside um verdadeiro ato litúrgico. Se for feita em público, em comunidade, é oportuno usar também as vestes litúrgicas previstas. Isso não fazemos quando rezamos o breviário a sós. Todavia, mesmo nesse caso, estamos celebrando um verdadeiro ato litúrgico. Portanto, naquele momento, representamos em nós toda a Igreja. Com uma bela frase de Santo Agostinho, retomada por Pio XII, devemos recordar que, ao recitarmos o breviário, devemos reconhecer nossas vozes na de Cristo e sua voz nas nossas. De fato, como recordava São João Paulo II na esteia dos Padres da Igreja, quando os salmos são proclamados na Igreja, é sobretudo o próprio Cristo que os recita pela boca de sua Esposa. Fiel às exortações apostólicas de "orar sem cessar", essa "celebração é constituída de modo a santificar todo o curso do dia e da noite por meio do louvor de Deus" (*Sacrosantum Concilum*, n. 84). Celebrada "na forma aprovada" pela Igreja, a Liturgia das Horas "é verdadeiramente a voz da própria Esposa que fala ao Esposo, é a oração de Cristo, com seu corpo, ao Pai" (*SC*, n. 84).

Esse é um ponto de meditação e de contemplação para nossa oração pessoal que nos é agora apresentada, mas continuará sendo terminados os Exercícios Espirituais. Pensemos bem, caros confrades sacerdotes: todas as vezes que recitamos os salmos do breviário, Cristo fala mediante a voz do Sumo Sacerdote Jesus Cristo. Aconselho-vos se deterem com frequência, nos próximos meses e anos, na meditação dessa verdade, que parece simples, mas é muito profunda, pois fala da total identificação com Cristo, que a Liturgia da Horas ajuda a realizar. Nessa oração oficial da Igreja torna-se visível que ela é a Esposa e o Corpo Místico do Senhor: uma só coisa com Ele. O Corpo fala e louva mediante a boca, que se encontra na Cabeça. Assim é também a Igreja em relação a Cristo. Na Liturgia das Horas, somos apenas a boca visível; a invisível, e mais importante, é a boca de Jesus que intercede diante do Pai por nós, pecadores. Em certa medida, portanto, embora não se chegue à perfeição do Sacrifício eucarístico, também o breviário tem um valor de oração expiatória. Sendo, além disso, a voz da Esposa que fala a seu Esposo, a Liturgia das Horas tem também o poder, por assim dizer, de comover o Coração sacerdotal de Cristo, que não negará as graças necessárias a seus filhos, que Lhe clamam *die noctuque orantes*. Então, na medida em que somos a boca do Senhor quando oramos a Liturgia das Horas, não devemos correr, pois representamos Cristo que ora ao Pai. Ora, Cristo nunca corre, fala calmamente com o Pai. A oração das horas é o colóquio longo, amoroso e íntimo entre o Esposo e a Esposa, um encontro de grande intimidade. Portanto, oremos sempre a Liturgia das Horas com fé, amor, calma e recolhimento. O que se amam não têm pressa de se separarem porque o amor nunca tem pressa! "*Caritas pa-*

tiens est... omnia suffert, omnia credit, omnia sperat, omnia sustinet" (1Cor 13,4.7).

Há ainda a Liturgia dos outros seis sacramentos, além da Missa. Também eles fazem parte do culto público e integral da Igreja católica, dirigido à Santíssima Trindade de modo teocêntrico e cristocêntrico. Nós, sacerdotes, devemos nos esforçar para celebrar bem todos os sacramentos. Às vezes, pode ser humanamente difícil, como quando ouvimos confissões por algumas horas seguidas. Nesses casos, compreende-se que haver um pouco de cansaço e, portanto, um pouco de desleixo na celebração do sacramento. Mas, sobretudo, nunca estar com o celular no confessionário! Nunca. Porque estais realizando um ato litúrgico, um ato de fé. Estais com Deus e no lugar de Deus. Por isso, durante estes Exercícios Espirituais, devemos reforçar nossa fé. Como? Tornando mais consistente nosso olhar contemplativo. Acumulemos energias espirituais, a serem usadas durante o ano, até os próximos Exercícios. Energias que devemos despender quando estivermos no confessionário ou celebrando outros sacramentos. Façamos isso bem, com cuidado! Preparemos bem, antes de tudo, o necessário, de modo que a celebração não seja perturbada por imprevistos, por exemplo, falta de algo necessário para a realização do rito. Usemos vestes litúrgicas e tecidos sacros em boas condições, em ordem e limpos. Não corramos com as orações, não apressemos os ritos. Embora evitando inúteis lentidões e coisas pesadas, realizemos cada gesto e digamos cada palavra com sóbria solenidade e com o tempo que exigem. Não há necessidade de acrescentar outras coisas, inventadas por nós, se celebramos o rito bem. Assim também façamos com os sacramentos. Certa vez, um seminarista se encontrava diante da basílica inferior de Lourdes. Enquanto esperava alguém, viu sair um sacerdote de túnica e estola. Aquele sacerdote estava um pouco apressado, ao menos andava com um pouco de pressa porque, dali a pouco, seriam celebrados seis batismos na basílica, mas uma das famílias ainda não havia chegado. Ele então procurava ansiosamente com o olhar sobre a esplanada para ver se a família atrasada chegava. Naquele momento, vendo-o revestido das vestes sacerdotais, aproximaram-se dele dois peregrinos, que haviam acabado de comprar as típicas velas de Lourdes, a fim de levá-las para casa, em recordação da peregrinação. Pediram gentilmente àquele sacerdote para benzer as velas, e o sacerdote, continuando a olhar para a esplanada, sem sequer dizer uma oração, fez um apressado sinal da cruz mais ou menos em direção das velas ainda que, mais do que um sinal da cruz, parecesse quase que estava espantando moscas. Deu-se conta de que havia feito mal e procurou reparar aquilo de algum modo. O que fez foi simplesmente tocar as velas com a mão e depois beijar sua própria mão, aquela com a qual havia tocado rapidamente as velas, como para dizer com aquele gesto: "Não se preocupem, as velas estão bentas". É difícil descrever a expressão no rosto daqueles peregrinos, que voltavam para casa e, cheios de entusiasmo, haviam se aproximado daquele ministro de Deus. O que custava dedicar um minuto a mais de atenção? Talvez perguntar de onde vinham, dizer uma boa palavra, fazer uma pequena exortação. E, depois, orar uma Ave-Maria ou um Pai-Nosso e dar uma benção bem feita. Aquele sacerdote teria gasto um, no máximo dois minutos, mas a semente que lançaria com aquela pequena atenção teria podido render um grande fruto e teria certamente evitado causar uma grande desilusão e escândalo.

Repito, em cada um de nós às vezes o cansaço ou outros pensamentos podem prevalecer. Não seremos como aquele pobre sacerdote apressado! Mas o seminarista que assistiu àquela cena, que hoje é um sacerdote, a recorda claramente, mesmo que já há muito tempo, porque lhe causou um certo efeito, justamente nos anos em que se preparava para ser ministro de Deus. Entendeu, *sub contraria specie*, como é preciso distribuir os sacramentais ao povo de Deus.

Chegamos, então, à celebração da Santa Missa, que não tem comparações na vida da Igreja. Vale dizer logo algo fundamental que sabeis muito bem: a Missa é, sobretudo e antes de tudo, o Sacrifício de Cristo em forma sacramental. Não é antes do mais um banquete sagrado.

É também isso, mas não principalmente isso. O escopo desses Exercícios Espirituais estaria plenamente realizado se meditássemos em todos os próximos dias somente essa verdade. Hoje, é uma necessidade urgentíssima que sobretudo os sacerdotes recuperem a consciência dessa verdade ensinada pela Sagrada Escritura e constantemente reafirmada pelo Magistério eclesiástico. Devemos celebrar a Missa recordando sempre de que subimos ao Gólgota, ao altar e não a um outro lugar. Em todas as culturas, um altar é uma pedra sagrada sobre a qual se imolam vítimas. Quando, na sacristia, nos vestimos para a Missa, devemos meditar sobre o seguinte:

> Estou me preparando para oferecer a imolação da Vítima Divina. O sangue do Cordeiro de Deus misticamente escorrerá de minhas mãos sacerdotais quando elevar a Hóstia. E terei aquele mesmo sangue sacrifical no cálice, ostentando-o aos fiéis, e a mim mesmo, para adorá-lo e agradecê-lo.

São esses os sentimentos espirituais que devem preceder, acompanhar e seguir a celebração eucarística. Habituamo-nos a isto, irmãos: na sacristia não se fala! Tanto menos é o lugar para falar de amenidades ou fazer piadas. Na sacristia se reza. A sacristia é, de algum modo, um *pronao*, isto é, a parte anterior ao templo propriamente dito. É um lugar de passagem entre o profano e o sagrado. Na sacristia devemos nos preparar para o encontro com Deus e com Cristo, devemos nos preparar para ver misticamente nossas mãos envoltas pelo sangue do Cordeiro, oferecido em expiação dos pecados. Parece que alguns santos e santas místicos viram, na ostentação da Hóstia na Missa, rios de sangue que saiam da própria Hóstia e escorriam pelas mãos e braços do sacerdote. É o que ocorre misticamente na Missa! Como, portanto, é possível transformá-la em um momento de risos, de brincadeiras, de iniciativas inoportunas? Só a falta de preparação doutrinal adequada, além da falta de uma visão de fé em relação ao Sacrifício eucarístico podem dar lugar a certas coisas.

A Missão é teocêntrica e cristocêntrica. Isso deve ser de algum modo visível também na maneira de celebrar. Acenamos para a orientação, mesmo física, da oração litúrgica. Hoje, na maioria dos casos, o sacerdote não celebra voltado fisicamente para a abside, símbolo do céu, da eternidade e do retorno de Cristo no final dos tempos. Estamos habituados a ver o sacerdote celebrar quase sempre, como se diz, "para o povo". Sabemos que em si a celebração voltada para a abside ou, como se diz, "para o Senhor", continua sendo possível com o Missal de Paulo VI. Há muitos anos, contudo, criou-se um clima eclesial para o qual, se um sacerdote celebra a Missa de Paulo VI em língua vernácula, mas voltado para a abside durante a liturgia eucarística, será logo tomado como uma espécie de cismático, ultra ou supertradicionalista. Para alguns, basta essa postura litúrgica para fazer de um sacerdote alguém que não estaria em "comunhão" com a Igreja. Isso é verdadeiramente equivocado e discriminatório.

É preciso admitir que é possível (e, no caso, se deve) celebrar muito dignamente ainda que o sacerdote esteja voltado "para o povo". Mas devemos reconhecer que a possibilidade de celebrar "para o povo" não representa um dos melhores elementos da reforma litúrgica pós--conciliar. Ao contrário, de qualquer modo, o próprio Magistério fez notar indiretamente seu caráter problemático. São João Paulo II, ainda que não colocando em discussão a nova prática, escreveu que a celebração "para o povo" requer uma maturidade espiritual maior. O que ele quer dizer? Quer dizer que continua sempre sendo possível celebrar bem mesmo recorrendo a essa posição física. É possível, mas é mais difícil estar diante do Senhor (1Sm 6,20) e permanecer recolhido em Deus. Além disso, também o caráter simbólico da orientação teocêntrica e cristocêntrica da Liturgia é diminuído. Na Liturgia, com efeito, não estamos voltados uns para os outros, mas todos para o Senhor. Bento XVI recomendou que se coloque ao menos um crucifixo no centro do altar, de modo que seja um símbolo que recorde, tanto ao sacerdote quanto aos fiéis, que ainda que estejamos fisicamente voltados uns para os outros, no mínimo interiormente devemos estar todos voltados para o Pai e para Cristo, porque Cristo é o oriente cristão. De outro modo, a Missa não seria culto, pois não seria adoração e oração. Pode-se adorar e orar somente à Trindade, mas certamente não a nós mesmos e à comunidade.

Ora, um sacerdote que quisesse celebrar também a forma ordinária do rito romano "para o Senhor" poderia fazê-lo sem dever pedir permissão a ninguém. Todavia, não ignoramos que, hoje, uma parte dos bispos do mundo tornaria impossível a vida de um tal sacerdote. Há bispos que lhes imporiam, sob o vínculo da obediência, celebrar para o povo e poderiam mesmo a suspendê-los de seus encargos caso ele se recusasse a aceitar tal imposição. Isso deve fazer refletir: em uma época em que certos bispos deixam em seus lugares sacerdotes que não desconhecem os pecados, mesmo graves, se está disposto a remover um sacerdote de seu lugar se quer fazer algo bom e permitido pela Igreja: celebrar "para o Senhor".

Aquilo que continua sendo possível e recomendável, mesmo quando se celebra "para o povo", é fazer de tudo para permanecer profundamente recolhido em Deus, inteiramente orientado para o Senhor. Durante tal celebração, portanto, evitemos todas aquelas posturas e hábitos que transmitem a ideia de que o centro de nossa atenção, enquanto estamos no altar, seja os fiéis reunidos. Certo, nosso pequeno rebanho, a porção de Igreja confiada a nós é de fundamental importância para nós, sacerdotes. Dando a vida ao Senhor, de algum modo a demos também aos fiéis, à nossa gente. Oramos todos os dias por eles e estamos dispostos a nos sacrificarmos por aqueles que Cristo quer nos confiar como filhos na fé e na Igreja. Mas quando estamos celebrando a Missa, o melhor modo de cuidarmos de nossos fiéis é não pensar neles, mas elevá-los e levá-los a morrer com Cristo e viver com Ele uma vida nova! Que nos recolhamos todos em Deus e em Cristo. De outro lado, a própria Liturgia nos leva a fazer isso. Pensemos nas orações do Missal. Elas se dirigem todas a Deus ou a Cristo. Não poucas vezes começam dizendo: "Pai santo..." ou "Deus onipotente e eterno..." ou outras invocações semelhantes. Portanto, ao dizer essas palavras, a Quem estamos falando? As orações não começam com "meus caros filhos em Cristo..." ou "caros irmãos...". Não! No altar, falamos a Deus e a Cristo, não aos fiéis. Contudo, há sacerdotes que ao lerem as orações percorrem com o olhar a comunidade reunida, olham na face das pessoas presentes, como se estivessem falando com elas e não com Deus! Mas assim se cai involuntariamente no ridículo. Imaginemos que me encontre com um amigo que se chama Antonio. Sentamo-nos e digo-lhe: "Caro Antonio, estava pensando em fazer uma caminhada". Imaginemos, contudo, que eu dissesse essa frase dirigindo-me para a porta da cozinha, olhando minha tia que se encontra ali para preparar o almoço. Antonio, naturalmente, me diria: "Mas para onde olhas, com quem falas? Estou aqui!". Assim ocorre quando recitamos as orações dirigidas a Deus, mas olhando para o povo, fazemos algo absurdo como no exemplo.

Notemos também que o Missal contém as assim chamadas "orações apologéticas" ou "orações secretas" do sacerdote. Mesmo que em número reduzido, elas permaneceram no Missal de Paulo VI. Sobretudo quando o sacerdote se prepara para a Santa Comunhão do Corpo e Sangue do Senhor. As rubricas impõem que o sacerdote diga essas orações em voz baixa, portanto, não audíveis pela assembleia. Mas se não se ouvem as palavras, por que são recitadas? Porque Deus as ouve! A existência dessas orações é uma outra prova do fato de que a Igreja pretende que o sacerdote ore durante a Missa, ou seja, dirija-se a Deus. Isso também parece uma banalidade, mas perguntemos durante estes Exercícios Espirituais: "Estou orando quando celebro a Missa? Falo com Deus? Contemplo-o face a face? Deixo-o olhar para mim?" A Missa é a oração por excelência. Entretanto, corremos o risco que seja apenas um rito frio, repetido milhões de vezes. Não, caros confrades, devemos orar durante a Missa, ou seja, devemos nos encontrar com Deus e dialogar intimamente com Ele.

Aqui, portanto, descobrimos este grande tema: na Liturgia, e sobretudo na Liturgia da Missa, encontramo-nos diante da Tremenda Presença da Majestade divina. A Liturgia bem celebrada implica a percepção da Presença de Deus que nos faz clamar como o profeta Isaías:

"Ai de mim! Estou perdido porque sou um homem de lábios impuros e encontro-me em meio a um povo de lábios impuros; mas meus olhos viram o rei, o Senhor dos exércitos" (Is 6,5). Se oramos durante a Missa, se contemplamos e adoramos, então nos damos conta do que a Santa Missa é verdadeiramente! E nosso modo de celebrar, mas também simplesmente de nos comportarmos no presbitério, mesmo em gestos como nos sentarmos, levantarmos, lavar as mãos... tudo: tudo será transformado. Por que teremos consciência de que ali, no altar, estamos diante da Presença que faz tremer e, ao mesmo tempo, preenche o coração do Amor de Deus. A Presença do Gólgota, a Presença de Cristo crucificado e ressuscitado. Se o percebemos na fé, não poderemos ficar indiferentes. Se o percebemos com o olhar contemplativo, poderemos encarnar a verdadeira *ars celebrandi*.

A arte da celebração, com efeito, não consiste apenas na observância rigorosa das rubricas e das normas litúrgicas. Isso, obviamente, é necessário. Mas é de tal modo importante que, se não observássemos os preceitos litúrgicos da Igreja, a *ars celebrandi* seria impossível de ser realizada. A observância das normas, portanto, não é "rubricismo", mas obediência à Igreja, é elemento necessário e não opcional da *ars celebrandi*.

Tal observância, contudo, não basta por si só. De fato, é sempre possível observar as normas com escrúpulo para realizar uma celebração formalmente perfeita, mas na qual falta o encontro pessoal com Jesus; o encontro face a face e íntimo com a Trindade Santa. Portanto, para uma verdadeira *ars celebrandi*, à observância das normas deve se unir a contemplação e a percepção da Presença de Deus em Cristo e no Espírito Santo. Eis, ainda uma vez, o caráter teocêntrico e cristocêntrico do culto divino. E isso não é possível nas enormes celebrações nas quais os celebrantes conversam entre si ou fazem fotografias e estão muito distantes, não apenas do altar, mas, mais ainda, distantes de Deus.

Desse modo, a Liturgia bem celebrada será de fato fonte de santificação para o sacerdote, enquanto, ao contrário, a negligência para com o culto divino nunca é sinal de um caminho sacerdotal estável e seguro. Devemos invocar, a esse respeito, particularmente três pessoas para que nos ajudem: Maria, José e a mulher do Evangelho que ungia os pés de Cristo com o perfume precioso. Maria e José se cuidaram do corpo físico de Cristo na terra. Assim também o sacerdote deve ter no coração custodiar sempre bem o Corpo eucarístico de Cristo, dispondo de todos os meios necessários e prestando todas as atenções possíveis. A mulher do Evangelho usou um vaso inteiro de perfume de valor altíssimo para ungir os pés do Messias. São João Paulo II, comentando esse episódio, observava que, como aquela mulher, a Igreja nunca temeu "desperdiçar" recursos no culto litúrgico. A Igreja, com efeito, não considera um desperdício investir recursos na dignidade da Liturgia.

Podemos recordar ainda a figura do Santo Cura d'Ars, que, muitas vezes, andava com uma batina remendada e sapatos desgastados, mas que adquiria paramentos preciosos para a celebração da Missa. Recordemos ainda que São Francisco de Assis, que andava descalço e vestido de saco, queria que nas igrejas da Ordem por ele fundada as patenas e os cálices fossem preciosos, pois deviam conter o preciosíssimo Corpo e o preciosíssimo Sangue do Senhor.

Naturalmente, também aqui continua sendo possível notar tais atenções só por mero gosto estético. Nesse caso, seriam aplicáveis a nós as duras palavras do Senhor ao afirmar que os fariseus se lavam por fora enquanto o interior está cheio de iniquidade. Cuidar apenas do aparato externo do culto enquanto nossa alma permanece cheia dos demônios do pecado que ali habitam tranquilos seria não apenas inútil, mas até danoso. Ao contrário, "vinho novo em odres novos". Procuremos o melhor exteriormente para o culto, fazendo com que, com a ajuda de Deus, a beleza externa da casa de Deus corresponda à limpeza interna de nossa alma sacerdotal. Não devem resplender apenas os paramentos e os vasos sagrados, mas também a alma do sacerdote deve resplender, refletindo os raios do verdadeiro sol, Cristo. Assim, Deus Trindade terá duas moradas: a casa de Deus que é o edifício, a igreja onde se celebra; e a casa de Deus em que ele inabita, ou seja, a alma em estado de graça do sacerdote que oferece a imolação de Cristo no altar, todos os dias, pela expiação dos pecados, pela salvação dos vivos e dos defuntos.

A formação humana, espiritual e intelectual no seminário e na vida religiosa

I

Como é evidente, os anos passados no seminário ou em um noviciado são anos dedicados à formação em preparação para a missão sacerdotal. A *Pastores dabo vobis* de São João Paulo II indicava quatro dimensões de tal formação: humana, intelectual, espiritual e pastoral. Pela temática que abordamos exclui-se o aspecto pastoral, portanto, reflitamos principalmente sobre os três outros aspectos.

Há alguns anos, um cardeal italiano proferiu uma conferência em um seminário, abordando exatamente a questão das dimensões da formação. Em sua intervenção, perguntava qual seria a principal dimensão das quatro. De fato, seria possível aduzir razões para sustentar o primado de cada uma das quatro sobre as outras.

Após algumas reflexões, o cardeal concluía que, para ele, a dimensão mais importante na formação sacerdotal era a dimensão humana, pois sem ela faltaria o fundamento sobre o qual as outras três se apóiam. Dado que nos Exercícios Espirituais não devemos abordar, muito menos resolver, problemáticas debatidas pelos especialistas, não temos a intenção de resolver a questão. Mas é possível simpatizar, ao menos de modo limitado, com a posição expressa por aquele purpurado. Com efeito, é doutrina teológica correta que a graça não elimina a natureza, mas a pressupõe e a eleva. Se a graça pressupõe a natureza, de algum modo apóia-se nela. Se faltar a natureza, em que a graça se basearia? Se aplicarmos esse adequado e verdadeiro princípio no âmbito da formação, poderemos dizer que a formação intelectual e espiritual (e também pastoral, da qual não falaremos) representam o lado da graça. A formação intelectual, é verdade, compreende também matérias humanas, sobretudo a Filosofia. Mas é principalmente formação teológica e a teologia é a ciência da fé, a ciência das realidades sobrenaturais, cujo conhecimento nos é dado pela graça, mediante a divina Revelação. Em segundo lugar, é evidente que a formação espiritual indica igualmente a dimensão da graça, como também a formação pastoral, pois a pastoral bem compreendida nunca é uma simples iniciativa humana, mas nosso cooperação com o Espírito Santo. Por isso, essas três dimensões indicam o aspecto da graça. A dimensão da formação humana indica, de outro lado, mais a natureza, a formação do homem enquanto homem.

Comecemos a meditar sobre esta dimensão. Um sacerdote (parece banal recordar), antes de qualquer coisa, é um ser humano. Todo ser humano necessita ser educado, ser formado como tal. A família é a primeira responsável por essa formação humana, depois a escola e algumas outras realidades sociais que influem na educação de uma pessoa. Já notamos no início que, contudo, cada vez mais a atual família ocidental não mais exerce, na maioria dos casos, ao menos não tão bem como no passado, sua própria função educativa. A família com frequência é desagregada, destruída, mas, mesmo quando os pais não se separam, prevalece não raramente um modo errado de compreender seu próprio papel, quando não uma certa displicência, quase uma preguiça por parte dos pais que não mais querem se dedicar e se sacrificar para suportar o grande trabalho necessário para educar bem um filho, instruindo-o bem, corrigindo-o quando necessário e assim por diante.

Se também dermos uma olhada na escola, vê-se que as coisas, em muitos casos, não são diferentes. No passado, além das noções necessárias, a escola ensinava a viver e a se comportar. Por exemplo, ensinava a respeitar as regras, os horários e as autoridades escolásticas. Um menino ou uma menina não cresciam sem controle, mas recebiam uma educação, eram, por assim dizer, direcionados, adestrados. Aprendiam que alguém não pode fazer aquilo que quer. Aprendiam que na vida há papéis que devem ser respeitados. Por exemplo, aprendia-se que se deve dirigir com respeito ao professor ou ao diretor, que não se pode dirigir-se a eles com a espontaneidade com a qual se fala entre os colegas. Há papéis na sociedade que devem ser respeitados. Isso era um grande ensinamento da educação clássica. As famílias e a escola aliavam-se para educar bem os jovens. Aliavam-se pela boa educação. As pessoas um pouco menos jovens, acima de quarenta anos, recordam bem que, caso fossem repreendidas ou punidas na escola, oravam a Deus para que os pais não viessem a saber, pois, de outro modo, chegados em casa, receberiam o resto! Atualmente, com frequência acontece o contrário. Os professores têm medo até de dizer uma palavra de correção aos alunos. Se o fazem, é provável que no dia seguinte os pais venham reclamar, ameaçar fazer denúncias ou mesmo, como ocorre muitas vezes, para repreender o pobre docente! De tal modo, os jovens crescem com a ideia de impunidade, ou seja, que podem dizer e fazer o que quiserem e que ninguém os pode punir ou simplesmente reclamar. O jovem, atualmente, cresce com a ideia de que tudo é um direito e nada é um dever. Muitos adolescentes vivem na convicção de que tudo é devido a eles, mas não devem nada a ninguém. A culpa é de uma mentalidade cada vez mais radicada nas sociedades ocidentais, uma mentalidade pedagógica deletéria, cujos frutos muito negativos se mostram todos os dias no telejornal.

A questão é que não podemos pensar que os seminaristas, isto é, os futuros sacerdotes, venham de Marte. Também os seminaristas e noviços que chegam atualmente à formação são tomados desse contexto cultural e, portanto, um número consistente deles não recebeu na família e na escola a formação humana necessária. O seminário deverá se encarregar também disso, na medida do possível, recuperando o tempo perdido. Parece, de fato, absurdo, mas temos seminaristas de dezoito, vinte ou mais anos aos quais faltam noções básicas de higiene pessoal, de como se comportar à mesa, de como se escreve uma carta. Muitos não sabem sequer onde se escreve o endereço em um envelope e onde se coloca o selo. Provavelmente, nunca mandaram uma carta na vida, mas somente e-mails. Todavia, como sacerdotes, ao menos esporadicamente, deverão ainda escrever e mandar alguma carta de tipo tradicional e é preciso prepará-los até para esse tipo de coisa.

Há muitas décadas, havia um coronel muito severo que comandava uma caserna. Na medida em que na época ainda não havia e-mail, todas as comunicações internas chegavam em papéis escritos à máquina por algum subalterno. Como diversas vezes o soldado que escrevia aqueles relatórios cometia erros de ortografia e de gramática, o coronel marcava os papéis com a clássica caneta vermelha ou azul e os devolvia. Isso mesmo várias vezes até que finalmente recebesse um relatório redigido corretamente. Podemos pensar que ele fosse muito rígido, mas era um militar! No fundo, entretanto, extremismos à parte, tinha razão. É preciso fazer as coisas bem[2]. Há um modo adequado e um equivocado de dizer e de fazer as coisas. Isso faz parte da educação humana. Com frequência se ouve falar muito mal da Cúria romana e, em certos casos, pode haver motivos para tanto. Há, contudo, algumas coisas positivas. Uma delas é que se busca manter um estilo educado e de profundo respeito nas relações. Por exemplo, durante as reuniões da Cúria, é praxe consolidada permitir às pessoas falar sem que sejam interrompidas. Pode-se também não estar de acordo, mas em geral não se interrompe uma pessoa que fala. No final, quando terminar, pode-se responder, evidenciando de modo claro e educado os motivos da discordância. Portanto, há diálogo e mesmo debate. Mas se procura evitar

---

[2] Não são poucos os casos em que os sacerdotes escrevem para seus bispos ou enviam relatórios para a Cúria em que aparece o estado miserável da linguagem em que são redigidos. Tanto o estilo quanto a gramática ou a ortografia deixam muito a desejar. Outros sacerdotes enviam tais cartas reutilizando envelopes usados, rabiscando sobre o endereço anterior e escrevendo outro... e isso mesmo se estão escrevendo para seu próprio bispo. Se dirá: mas por que falamos de tais coisas nos Exercícios Espirituais? Não deveríamos falar das coisas de Deus e da espiritualidade ao invés de nos determos em envelopes, cartas e selos? Na verdade, não nos interessam diretamente tais questões, mas as citamos apenas como um sinal do fato de que, com frequência, o sacerdote-ser humano não foi formado de um modo a se comportar adequadamente, a ter um estilo digno de um ministro de Deus. Isso pode ser notado em vários aspectos: do modo de vestir ao de caminhar, no modo de responder e de gesticular, no modo de se exprimir e assim por diante. É claro que não somos favoráveis a um "clero nobre". Não pretendemos dizer que um sacerdote bem formado seja aquele que sabe de memória a obra publicada em 1558 por Mons. Giovanni della Casa. Aquele livro, *Il galateo*, servia para as casas dos nobres mais do que para os sacerdotes. Queremos apenas sublinhar que o saber se comportar bem, mesmo do ponto de vista humano, é importante para um sacerdote.

a má educação. E tudo isso é bom. Como seriam muito mais interessantes e talvez úteis tantos debates televisivos se as pessoas observassem simplesmente a boa educação, esperar sua vez de falar. Assistimos, ao contrário, presumidos debates que não o são. Ora, "debate" provém de "de-bater". A ideia é que um bate e o outro "re-bate". Há a vez de cada um falar. Primeiro fala um, depois o outro. Mas, na televisão com frequência não há essa paciência, essa capacidade de escuta, essa educação. Todos gritam, todos se interrompem mutuamente, todos querem prevalecer sobre os outros. No final, falam todos ao mesmo tempo, não se entende nada e não se conclui nada.

Outro sinal de educação é o uso de "senhor" ou, em certas regiões, de "vós". Isso também desapareceu em vastas regiões do mundo ocidental e se usa o "tu", como já dissemos anteriormente. Esse hábito está ganhando campo mesmo na Igreja e isso não em todos os casos é uma coisa boa.

Concluamos sobre esse ponto. Não é nossa tarefa dizer se a formação humana é mais ou menos a mais importante das quatro dimensões da formação sacerdotal, mas certamente podemos dizer que ela é urgente em nosso tempo e que tantos problemas concretos, mesmo no aspecto pastoral, nascem porque falta nos sacerdotes uma formação sólida nesse plano. Por isso, mesmo no tratamento das pessoas na paróquia ou em outros contextos, certos sacerdotes encontram dificuldades ou criam eles mesmos problemas, justamente por não saberem agir corretamente do ponto de vista humano. Interroguemo-nos e examinemo-nos, portanto, não apenas as assim chamadas coisas "espirituais", mas também sobre estes aspectos humanos. Como nos comportamos humanamente? Sabemos nos comportar? Ou devemos crescer e melhorar a esse respeito? E, nesse caso, de quais meios devo dispor para minha auto-formação no plano humano? Quais pessoas, quais livros poderiam me ajudar a recuperar o tempo perdido?

Tantas vezes, lendo os vários *sites* da internet e os *blogs* que falam de coisas da Igreja, há não apenas artigos, mas também comentários postados por católicos, sacerdotes ou não. Em muitos casos, tais comentários podem apresentar aspectos verdadeiros, podem expor a sã doutrina... o que é bom. Mas tantas vezes se nota que falta algo ou parecem haver grandes faltas no modo como esses católicos se exprimem, mesmo sobre o Santo Padre Francisco ou Bento XVI. Ninguém quer negar os problemas existentes. Mas é justo sermos violentos, agressivos e desrespeitosos ao comentar a situação? É justo mirar a alguém ou a algum grupo e voltar-se a eles com violência verbal que por vezes se torna inaudita?

Redescubramos, também como sacerdotes, a beleza de um estilo de vida bem educado e ordenado, que em épocas passadas podia se chamar "cavalheirismo". Infelizmente, quando se usa essa palavra, muitos pensam somente na educação no modo de se comportar com as senhoras, o que é igualmente importante. Mas o termo "cavalheirismo" refere-se sobretudo às virtudes de um cavaleiro medieval. Segundo os especialistas nesse período histórico, as principais virtudes de um cavaleiro são: *prouesse, loyauté, largesse, courtoisie, franchise*. A primeira virtude é a *prouesse*, isto é, a prudência. Os cavaleiros deviam possuir habilidades marciais superiores, ou seja, serem hábeis em batalha, respeitando rigorosamente suas regras. Recordemos que no cântico de Moisés e dos israelitas lemos: "O Senhor é guerreiro" (Ex 15,3). A segunda virtude do cavaleiro é a *loyauté*, a lealdade. O cavaleiro é leal a Deus, ao rei, à pátria e à dama. A terceira virtude é a *largesse*, isto é, a generosidade. Indica a generosidade de espírito, ou seja, a disposição para ajudar àqueles que têm necessidades materiais ou espirituais. Em quarto lugar está a *courtoisie*, a cortesia. Essa virtude é encarnada quando se mantém uma linguagem e um comportamento impecáveis. Enfim, há a *franchise*, isto é, a franqueza. Na verdade, somente por extensão isso indica falar de modo claro, revelar as próprias intenções ao se exprimir. Originariamente, a franqueza do cavaleiro consistia em manter sempre uma postura conforme sua própria posição e seu próprio nascimento.

É claro que essas características podem ser entendidas (e de fato foram entendidas assim tantas vezes) somente de modo mundano, como etiqueta da corte. Mas, em sua inspiração originária, esses valores falam de outra coisa. Delimitam a figura de um homem que tem consistência humana, que tem uma estrutura humana e moral sólida, que tem educação, que tem estilo (no sentido mais nobre do termo). Nós, sacerdotes, certamente não somos chamados a viver e nos comportarmos como cortesãos! Somos, contudo, chamados a sermos homens que têm estilo. Um estilo sóbrio, certamente, mas, ao mesmo tempo, nobre, daquela sã nobreza de espírito e de comportamento da qual nos damos conta faltar com frequência no modo de viver de tantos de nossos contemporâneos. Um homem digno não fala e não se comporta de certas maneiras, embora isso ocorra em nossa sociedade. Vemos, tantas vezes, casos dolorosos nos quais sacerdotes, por exemplo, se apropriam de bens eclesiásticos ou de bens que pertencem aos fiéis. Com astúcia, os subtraem da Igreja ou de seus proprietários legítimos. Isso, naturalmente, é um pecado, uma violação do sétimo mandamento. Mas, mesmo antes disso, representam uma falta humana, uma falta de honra, de dignidade. Um sacerdote que faz essas e outras coisas parecidas não tem amor por sua própria dignidade, por sua própria honra, por sua própria posição? Não pensa que sua pessoa, seu nome, sua família, são enlameados quando ocorrem coisas deste ou de outro tipo? Ou também no modo de nos vestir, de cortar os cabelos, de falar, de andar... temos um comportamento digno, educado? Não será inútil nos in-

terrogarmos sobre estas coisas. Quiçá não possamos usar as mencionadas virtudes da cavalaria também para um exame de consciência sobre nossa dimensão humana.
1. Devemos, primeiramente, sermos probos. Somos corajosos ou temos medo de proclamar com clareza, fidelidade e coragem a Doutrina e o ensinamento moral da Igreja? Quando se trata de defender a Deus, a Cristo, a Nossa Senhora, a Igreja, os necessitados, os desfavorecidos, o fazemos com probidade ou pensamos apenas em nossa zona de conforto e em nossos caros privilégios que não queremos colocar em risco?
2. Além disso, devemos ser leais. Que bela qualidade é a lealdade, em qualquer pessoa, mas sobretudo em um ministro de Deus! E quantas vezes é traída! A lealdade é a virtude dos amigos. E é a virtude que faz surgir o agradecimento a quem nos fez o bem. Mas quantas vezes os sacerdotes rompem amizades de muitos anos para talvez não perder uma progressão na carreira? Quantas vezes os sacerdotes estão dispostos a trair, a serem falsos, a prejudicar pessoas com as quais tiveram uma longa amizade, e isso em troca de quê? Quantas vezes nos esquecemos de quem nos fez o bem!
3. Há ainda a generosidade. Antes de generosidade como distribuir bens materiais, trata-se de generosidade de coração. É a postura do homem que

cultiva a atenção para com os outros, para com os necessitados. É a virtude de quem busca satisfazer os pedidos legítimos que lhe são feitos, que busca fazer as pessoas felizes na medida do possível. É o olhar de quem não apenas é benevolente com quem pede, mas sabe também antecipar o pedido ou dar mais do que foi pedido. Assim diz o Mestre no Evangelho: "E se alguém te obrigar a andar uma milha, ande duas" (Mt 5,41). Essa é a generosidade de coração da Virgem Maria, que não esperou que Isabel pedisse ajuda, mas assim que soube que ela estava grávida, correu espontaneamente para ajudá-la. E Nossa Senhora age conosco de modo semelhante do Céu. Por isso, Dante põe na boca de São Bernardo estas palavras referidas a Maria:
"*La tua benignità non pur soccorre a chi domanda,*
ma molte fiate
liberamente al dimandar precorre.
[Ao mísero, que roga ao teu desvelo
Acode, e, às mais das vezes, por vontade
Livre, te praz sem súplica valê-lo]"
(*Paraíso*, XXXIII, 16-18)[3].

4. Em quarto lugar citávamos a cortesia. Como é belo quando encontramos sacerdotes de trato gentil! E, novamente, não nos referimos a uma gentileza ex-

---

[3] Tradução de F. Xavier Pinheiro (NdT).

terior, referente apenas ao trato. Mas àquela gentileza calorosa, que aquece o coração das pessoas que encontram. Muitas vezes fizemos a experiência de encontrar tais sacerdotes, particularmente entre aqueles que hoje são mais velhos, que durante uma longa vida desenvolveram este sóbrio e controlado, mas, ao mesmo tempo, expansivo, calor humano, que sabe aquecer os corações. Como seria belo se também nós nos tornássemos capazes de infundir em que nos circunda essa alegria serena! Isso se faz quando nos comportamos como cavalheiros. Sim, o sacerdote deve ter um estilo cavalheiresco. Benevolência e afeto para com todos, familiaridade com ninguém. Exprimir-se de modo correto, com respeito, mesmo quando nosso dever ministerial nos impõe repreender alguém por sua conduta.

5. Por último, a franqueza, entendida no sentido que referimos acima. Não somos nada. Mas o Senhor, apesar disso, nos elevou à dignidade de sacerdotes. Nenhum nobre, nenhum príncipe ou rei deste mundo possui a dignidade de ser *alter Christus*, de ser *ipse Christus*. Ora, os nobres manifestam seu próprio nascimento e sua própria posição com vestes adequadas, casas luxuosas, comportamentos coerentes com seu próprio status. Nós, sacerdotes, não temos necessidade de castelos e mordomos, mas também nós (de modo coerente com os

discípulos de Cristo) devemos ser "francos", isto é, devemos manifestar nosso nascimento no sacramento da Ordem e a posição de ministros de Cristo em que fomos colocados. A pobreza é uma belíssima virtude. Mas não a confundamos com desleixo, falta de higiene ou vestir-se conforme a moda. Há uma franqueza cavalheiresca que é necessário observar para que as pessoas, ao tratarem conosco, se deem conta de quem está diante delas: um pobre pecador, mas que também é um sacerdote de Jesus Cristo!

Meditemos, portanto, também acerca da dimensão humana de nosso ministério e busquemos aperfeiçoá-la com a ajuda de Deus, de modo que também suas dimensões sobrenaturais estabeleçam um fundamento mais estável e mais sólido.

II

Após termos nos dedicado nesta manhã à meditação sobre a formação humana, voltemo-nos agora para a formação intelectual e espiritual do sacerdote.

A Igreja estabelece que haja *curricula studiorum* preparatórios para a Sagrada Ordenação. Com essa prática, a Igreja reconhece a importância do estudo para os seminaristas e noviços, isto é, reconhece a importância da dimensão intelectual no ministério ordenado católico. Isso é urgente ser sublinhado em nossa época. Já dissemos de manhã que não nos ocuparemos da formação pastoral. Devemos recordar, contudo, que em vários estratos da Igreja há uma tendência atual ultrapastoralista da qual uma das consequências está o menosprezo da dimensão intelectual da vida sacerdotal ou de dar a impressão de ignorar ou por na sombra a Doutrina e o ensinamento moral multissecular da Igreja. De modo mais ou menos claro, pensa-se (e, às vezes, se diz) que o estudo não apenas não ajudaria o sacerdote a ser um bom ministro de Deus, mas, ao contrário, impediria sua sensibilidade pastoral. Pensa-se (e, às vezes, se diz) que se um sacerdote sabe muito, não será um bom pastor de almas, pois não estará em condições de compreender suas fragilidades. Será um sacerdote do pensamento esquemático que vive nas abstrações de seus conhecimentos e que, portanto, de fato não poderá se fazer próximo das pessoas que vivem problemas reais no cotidiano.

Certamente pode haver sacerdotes assim, mas a generalização conforme a qual se um sacerdote é culto, ou ao menos bem preparado, não é um bom pastor nem um bom sacerdote, é certamente equivocada. Basta observar que na história da Igreja houve os Padres e os Doutores, que eram ótimos e santos ministros de Deus além de grandes teólogos e pastores de almas, bem como outros santos sacerdotes, embora não se dedicando aos estudos de modo profissional, liam e estudavam muito, justamente para serem sacerdotes mais preparados para suas próprias tarefas.

Há também um outro elemento que, por vezes, faz com que os atuais guias da Igreja busquem baixar o nível da qualidade da formação intelectual. Tal elemento é o medo. Sim, o medo! Sabe-se que em muitas partes do mundo de hoje há a assim chamada "escassez de vocações". Muitos bispos estão corretamente preocupados porque se dão conta de que o número de seminaristas é muito inferior, a cada ano, ao número de sacerdotes idosos que morrem. A partir disso, pensam que deveremos fechar quase todas as paróquias! Não se pode compartilhar sua preocupação. Os bispos, além disso, sabem também duas outras coisas. A primeira já mencionamos anteriormente: a escola atual é muito menos sólida. Por isso, muitos seminaristas não receberam uma formação cultural básica adequada e há muito trabalho quando, no seminário, devem seguir os cursos de Filosofia e Teologia.

Uma segunda coisa que os bispos sabem (e que é sobretudo consequência do que dizíamos acerca da condição das famílias atuais) é que muitos seminaristas se desencorajam ao longo do caminho e decidem deixar o seminário, pois perseverar na fadiga e na dificuldade lhes parece um empreendimento impossível.

Por fim, muitos bispos estão preocupados, até têm medo, pois dizem: "Os seminaristas são poucos e, desses poucos, um certo número desiste". As razões pelas quais alguns seminaristas abandonam o seminário são várias, mas, em geral, não podendo ou não sabendo intervir nas outras causas de desistência, se decide intervir para evitar ao menos que desanimem em relação aos estudos. Em substância, tais bispos tentam agir de modo que os seminaristas não se "assustem" com os professores e que não desanimem por causa dos estudos.

Havia um bispo que por vezes se dedicava a visitar seu seminário no qual havia também o estudo teológico. Durante a visita, o bispo às vezes entrava nas salas de aula ou passava nos corredores e se aproximava de alguns dos professores, particularmente aqueles que eram considerados mais exigentes. O bispo fazia parte do grupo dos "medrosos" e por isso dizia aos professores um pouco mais exigentes: "Não espante os alunos", "Não os façam desistir", "Feche os olhos", "Não seja muito exigente". Algumas vezes, o bispo chegou a dizer a alguns professores: "Deves promover todos os alunos nos exames; não deves reprovar ninguém"! Em geral, os professores eram sacerdotes da própria diocese ou de algumas dioceses limítrofes, por isso, aceitavam tais recomendações e se conformavam ou ao menos (se não quisessem seguir tais prescrições) se calavam quando o bispo lhes falava assim. Mas, um dia, um deles respondeu: "Excelência, o senhor deveria me agradecer porque, se sou exigente com os alunos, o faço pela Igreja e no fundo também pelo senhor, e certamente não por mim mesmo. Se sou exigente e os faço estudar, o senhor terá em alguns anos sacerdotes melhores, pois bem preparados".

E, de fato, aquele professor tinha razão. Diz-se: "Melhor poucos, mas bons". Jesus sabia que a messe era grande, mas os operários são poucos, tendo começado só com doze (Mt 10,36-37). A ansiedade em relação ao número é compreensível, mas – como escrevi em meu livro *Deus ou nada*[4] – muito mais do que com o número, deveriam estar preocupados com a qualidade (certamente não apenas intelectual, mas também intelectual) e a santidade dos sacerdotes.

Ouve-se dizer que, assim como o Santo Cura d'Ars é o patrono dos sacerdotes que cuidam das almas (que, aliás, é a maioria dos sacerdotes), tais sacerdotes estariam dispensados do dever do estudo, pois se sabe que o Cura d'Ars não ia bem nos estudos teológicos e que teve muita dificuldade. Ora, é verdade que o Cura d'Ars não tinha grandes dotes intelectuais ou pelo menos não ia bem nos estudos, mas isso não deveria ser usado como motivo ao menos por duas razões. Uma primeira razão é que se São João Maria Vianney foi o grande santo que foi, isso se deve às suas virtudes e à sua dedicação e certamente não à falta de capacidade intelectual ou de conhecimentos. Ele foi santo porque cooperou com a graça de Deus, não porque não ia bem na escola. Portanto, não é o baixo nível intelectual que faz um bom sacerdote.

---

[4] Trad.: *Deus ou nada*. São Paulo, Fons Sapientiae, 2018.

Em segundo lugar, deve-se acrescentar que o Santo Cura, embora não possuísse altos dotes intelectuais, justamente por esse motivo se dedicava muito aos estudos! Os hagiógrafos evidenciam que ele tinha um grande número de livros se comparado com a biblioteca média de um pároco do interior da França de seu tempo. Além disso, dentro de seus livros foram encontrados farelos de pão, o que indica que ele dedicava à leitura também o breve e raro tempo que reservava para suas frugais refeições. Em suma, seria inclusive um erro histórico dizer que os sacerdotes são dispensados do estudo porque o Cura d'Ars não estudava. Não é verdade! Ele não era particularmente bem dotado para os estudos, mas estudava muito! Estudava para preparar suas homilias e também as aulas de catecismo para o povo.

Nestes Exercícios Espirituais temos a oportunidade de nos perguntarmos qual é nossa relação com o estudo. Um pároco certamente não pode nem deve passar três ou quatro horas do dia com os livros, a menos que assim queira e seus encargos permitam. Mas um sacerdote dedicado à pastoral que não estude ou ao menos leia três ou quatro horas por semana é preocupante! Significaria que não lê nem meia hora por dia. E, como o Magistério periodicamente nos oferece documentos, seria preciso que os padres os leiam! É verdade que não se pode, nem se deve ler tudo. Se não tiver tempo, um pároco pode se limitar a ler as encíclicas e algumas outras coisas, deixando de lado os documentos menores. Mas hoje muitos sacerdotes conhecem os textos do Magistério só por ouvir dizer ou por uma breve síntese que puderam ler em alguma revista de pastoral. O estudo é importante. O sacerdócio, diz-se corretamente, não é uma profissão, é uma vocação. Mas, ao se dizer isso, pretende-se dizer que é mais, não menos que um simples trabalho! O sacerdócio é uma missão dada por Deus! Se, portanto, um advogado, um juiz, um médico ou um engenheiro devem ser muito competentes para fazer bem seu próprio trabalho, quanto mais não deverá sê-lo um sacerdote? Se um médico não estudou bem, os doentes morrem, se um engenheiro não conhece sua disciplina, as pontes caem. E o que sucede às almas confiadas a um sacerdote ignorante? Não surpreende que Santa Teresa d'Ávila desse o seguinte conselho: melhor que um diretor espiritual santo é um diretor espiritual culto, isto é, que sabe do que fala. Para dirigir as almas se requer certamente a reta intenção, mas é preciso também conhecimento. É preciso conhecer a Palavra de Deus e o Magistério, as teologias dogmática, moral e espiritual. Devemos estudar!

O papa Francisco propôs a eficaz metáfora da Igreja como um hospital de campanha. Poucos, contudo, refletem sobre o que está por trás dessa imagem. No hospital de campanha é preciso que haja médicos muito competentes, que estejam em condições de salvar vidas. Um médico competente não se forma em um dia. Atualmente, ao menos na Itália, o curso curricular de Medicina requer seis anos de estudos muito exigentes, aos quais se acrescentam outros seis anos de especialização. São precisos doze anos de estudo muito sérios e cansativos para ser um médico especialista. Portanto, não basta a boa vontade para trabalhar em um hospital de campanha, mas competência. E esta se obtém estudando.

É verdade que atualmente há também uma teologia, ou melhor, várias correntes teológicas que não ajudam a vida e a missão da Igreja. Podemos pensar que ser nesses tipos de teólogos nos quais o papa pensa quando afirma que gostaria de colocá-los em uma ilha, de modo que pudéssemos seguir em frente. É verdade: há teólogos deste tipo, teólogos que mereceriam ser postos em uma ilha para discutir seus tecnicismos abstratos e suas questões ideológicas. Mas não somente os teólogos em seu conjunto, nem a teologia em si que causam dano à Igreja! Aquilo que danifica muito mais a Igreja é o pragmatismo cego difundido por tantos eclesiásticos. Pragmatismo: só se pensa na ação. Cego, pois não iluminado por um pensamento consistente, sólido, um pensamento baseado na Palavra de Deus e no Magistério da Igreja. Esse pragmatismo abre caminho para todo tipo de erro. Com frequência se disfarça de bondade, mas, na verdade, é falsa bondade. Os pastores que agem assim, sem se orientarem constantemente pela bússola ou pelo farol da Palavra de

Deus e do ensinamento moral multissecular da Igreja, são lobos em pele de cordeiro. Dizem estar a serviço do rebanho, mas de fato querem se servir dele para seus próprios interesses.

Durante estes Exercícios Espirituais, portanto, façamos um propósito sério, quase um programa de estudo cotidiano. Como em todas as coisas, se quisermos, podemos. E como em todas as outras coisas, também em relação ao estudo devemos separar um tempo para fazê-lo, pois, de outro modo, o turbilhão da vida cotidiana logo absorverá nossos propósitos e continuaremos a agir como antes. É preciso vontade, requer-se sacrifício. Naturalmente, não se trata apenas de auto-disciplina, mas de uma resposta que queremos dar generosamente à graça de Deus, que certamente nos convida a sermos sacerdotes mais capazes de servir bem o povo de Deus. E para servi-lo bem, temos necessidade de mais formação, mais leituras, mais estudo. Peçamos a Deus, em oração, a força de vontade para separarmos um momento cotidiano de estudo.

Há muitos sacerdotes que o fazem e estão bem contentes. Sentem que aquele breve momento que reservam ao estudo, de manhã cedo ou no final do dia, faz muito bem, permitindo-lhes se distanciarem da mera atividade para se retirarem na reflexão, na meditação, na oração silenciosa. Além disso, descobrir novas verdades, aprender mais, nos torna mais livres, nos dá sempre uma certa alegria. Havia um pároco na Toscana, um pároco muito ativo, muito benemérito, que estava sempre junto às pessoas e havia de fato feito de sua paróquia uma família de famílias. Em suma, um sacerdote edificante. Ele havia separado um pequeno cômodo na sacristia, muito pequeno, onde havia posto diversos livros e uma pequena escrivaninha. À noite, por volta das 22 ou 23h, terminadas as atividades, retirava-se ali por uma hora ou mais, até meia noite, para ler e estudar. O chamava de "seu jardim". Um sacerdote que cuida das almas, ativo, realmente um bom sacerdote, que havia separado para si seu jardim intelectual e o cultivava todas as noites. Podemos, também nós, fazer algo semelhante?

Na Itália tendes um belo ditado: "O estudo enobrece". É assim. O estudo de bons livros enobrece o ânimo. E sabemos – pelas considerações feitas sobre a formação humana – o quanto é importante a nobreza de alma para um sacerdote. Mas, em nosso caso, o estudo tem um motivo ainda mais importante para ser desenvolvido, pois geralmente estudamos textos de teologia ou espiritualidade. Portanto, textos que nos colocam em contato maior com Deus e com todas as outras verdades da Revelação e da história da salvação. Como teólogo privado, Joseph Ratzinger havia retomado e desenvolvido algo que se já encontrava em São Boaventura, quando o Doutor seráfico ensinava que o *habitus* intelectual do teólogo nasce do amor que, como cristão, ele tem por Cristo. Essa posição de Boaventura, retomada por

Ratzinger, é interessante. Sabemos que São Tomás ensina que o amor nasce do conhecimento mais do que o conhecimento nasce do amor. De fato, não podemos amar algo que não conhecemos. E isso é certamente verdade. Mas, de outro lado, o processo não se conclui aqui. Se é verdade que antes de amar é preciso conhecer, é também verdade que queremos retornar do amor ao conhecimento, pois um dos efeitos do amor é o desejar conhecer melhor a quem amamos. Portanto, o amor por Deus nasce do conhecimento que temos Dele. Mas, depois, esse nosso amor desenvolve ainda mais o conhecimento, pois queremos conhecer melhor e mais o Deus que amamos. A teologia, então, é certamente ciência, ou seja, conhecimento sistemático, sendo possível mesmo dizer um conhecimento profissional da Palavra de Deus. Mas a teologia é uma ciência enamorada de seu objeto, que é Deus revelado em Cristo. A teologia nasce não apenas de um fim especulativo, mas tanto de um fim especulativo quanto de um fim volitivo. Com efeito, as correntes que mencionamos acima, as correntes recentes que, ao invés de ajudar, distanciam da fé, distinguem-se justamente por serem reflexões muito técnicas, especializadas, mas nas quais falta o amor pelo objeto amado e, portanto, falta também o amor pelos destinatários da própria teologia, pelos leitores que não são senão os fiéis católicos que o teólogo deveria ajudar a contemplar melhor a face de Deus.

Essas reflexões representam um estímulo para nós, mas novamente também uma ocasião de exame de consciência. Se somos totalmente indiferentes à leitura e ao estudo dos livros que abordam as coisas de Deus, não será este um sinal preocupante de um desinteresse, de uma frieza não somente para com os livros, mas também para com Aquele de quem tais livros falam? Se amamos a Deus e a Cristo, queremos conhecer mais sobre eles e sobre todas as coisas que fizeram e fazem na história da salvação. Havia um fundador de um instituto religioso que buscava chamar a atenção dos jovens membros dizendo: "É preciso saber mais! Tenham sede de saber mais!".

Essas observações já estão nos conduzindo à dimensão espiritual da formação sacerdotal, dado que, para nós, o estudo nunca é apenas uma experiência intelectual, mas permanece também sempre uma atividade que desenvolvemos no amor de Cristo e para servir melhor nosso Senhor. O tempo passou rapidamente ao fazermos essas breves observações sobre a dimensão intelectual, razão pela qual começaremos a abordar o tema da dimensão espiritual que se adapta perfeitamente a realizar uma meditação sobre a dimensão espiritual de nossa formação.

Para concluir, invoquemos o Espírito Santo por intercessão de Maria, Mãe da Sabedoria. Oremos para que nos conceda sempre seus dons da Ciência e da Sabedoria. Uma mente iluminada por um melhor conhecimento da

verdade de Deus será mais apta a oferecer às almas uma luz no caminho para a santidade.
Veni, Sancte Spiritus. Veni, per Mariam.

Vida sacerdotal e vida ascética

I

Da precedente reflexão, por assim dizer, decorre o tema da formação espiritual dos sacerdotes. Sabe-se que houve e ainda há entre os teólogos um certo debate sobre a definição mais exata de espiritualidade. O que significa, para nós, cristãos, "vida espiritual"? Sabemos não ser o caso de resolvermos questões em debate, nos colando mais no plano da meditação e da contemplação. Podemos, portanto, partir de uma visão da vida espiritual que se concentra no essencial. Normalmente, a essência de uma realidade é indicada por sua definição, mas também por seu nome. Esse é também nosso caso, no caso dos cristãos. Talvez possamos partir do pressuposto de que no Batismo, entre tantos bens, foi-nos dado também este: a possibilidade e a honra de usarmos o nome de Jesus Cristo. Com efeito, desde a época do Novo Testamento, nos chamamos simplesmente "cristãos". Pode parecer uma banalidade, mas não é. Todos sabemos bem, e cremos, que nosso Deus, o único e verdadeiro Deus, é a Santíssima Trindade. Entretanto, a Providência não estabeleceu que nos chamássemos "trinitarianos", mas "cristãos". Esse é o nosso nome, que indica também a essência de nossa vida religiosa (At 11,26; 26,28; 1Pd 4,16). Foi dado o título geral para estes Exercícios Espirituais de *"Jesus lhes disse: Eu sou o caminho, a verdade e a vida; ninguém vem ao Pai senão por mim" (Jo 14,6)*. Nessas palavras do Senhor no fundo encontramos tudo. Nelas está a essência do cristianismo, se for lícito se expressar deste modo.

Há nessas palavras a Presença de Cristo Jesus, o Filho, e do Pai. Portanto, há referência ao vínculo intratrinitário entre a Primeira e a Segunda Pessoa. Outros textos do Novo Testamento nos ensinam o quanto é essencial o papel do Espírito Santo para nosso contato com Cristo: já consideramos esse aspecto anteriormente. Portanto, com uma visão que se amplia ao conjunto do Novo Testamento, podemos dizer que nestas palavras de Jesus está a referência a Deus, à Trindade.

Devemos mencionar também um outro detalhe. Segundo diversos exegetas, quando Jesus diz, falando de modo absoluto, "o Pai", o Senhor não se refere apenas à Primeira Pessoa, mas a Deus (portanto, às Três Pessoas). Com efeito, segundo essa exegese, quando Cristo quer se referir ao Pai em sentido estrito, ou seja, à Primeira Pessoa trinitária, o Mestre não diz "o Pai", mas "meu Pai", indicando, assim, aquela relacionalidade Eu-Tu que realiza e manifesta a distinção na natureza divina. Se essa exegese estiver correta, se reforça ulteriormente e, a partir do mesmo texto de Jo 14,6, o que estamos dizendo: que nestas palavras de Jesus se faz referência a Deus Trindade.

Além disso, nestas palavras, há uma evidente referência cristológica: ninguém vai ao Pai – ou, podemos dizer, ninguém vai a Deus – senão por meio de mim (Jo 14,6). Cristo é absolutamente a única via para se chegar ao conhecimento de Deus. Sempre causa espanto ler a obra de algum teólogo recente que busca demonstrar que haveria vias relativas ou salvações alternativas, paralelas ou concorrentes em relação ao único Caminho, que é Cristo Jesus. Perguntamos qual "espírito" pode inspirar tais empreendimentos teológicos. Difícil pensar que se trate do Espírito Santo ou mesmo de um traço do espírito de fé. Mas, de novo, mais que as questões teológicas em si, interessa-nos seus aspectos espirituais. No plano espiritual, muda muito se cremos firmemente que Jesus é o único Caminho de conhecimento e de acesso ao mistério de Deus ou se aceitamos o erro de que haveria outros caminhos.

Com tais referências chegamos, no fundo, a identificar o que, para nós, é a vida espiritual. Para nós, que nos chamamos cristãos, a vida espiritual é Cristo. Jesus o diz neste versículo em que, além de Verdade e Caminho, Ele se define como Vida. São Paulo diz: "Para mim, viver é Cristo" (Fl 1,21). "Fui crucificado com Cristo.

Não sou eu que vivo, mas é Cristo que vive em mim. Esta vida, que vivo na carne, vivo na fé no filho de Deus, que me amou e por mim se entregou" (Gl 2,19-20). De ponto de vista literal, se consideramos apenas o contexto desse texto, o apóstolo se refere à vida física na terra. Mas sabemos que a Bíblia não deve ser lida apenas no sentido literal, por isso, desde sempre esse versículo foi interpretado também em relação à vida espiritual. A vida espiritual, para nós, é Cristo. Levar uma vida espiritual cristã significa, em sua essência, estarmos vinculados a Cristo ou, mais que vinculados, "enxertados" em Cristo, como os ramos da videira (Rm 11,16-24; Jo 15,1-8).

Vida espiritual significa, portanto, sobretudo viver na graça de Deus, permanecer enxertado na videira de modo a receber continuamente a seiva vital espiritual. Não nos salvamos por nós mesmos. Temos necessidade de que o fluxo da seiva divina, isto é, da graça, escoe em nós como dom da videira, Jesus. Portanto, nestes Exercícios Espirituais devemos fazer o firme propósito, com o auxílio da graça divina, de querer perseverar sempre na permanência em íntima união com Cristo. De modo mais concreto, durante estes Exercícios, queremos confirmar nossa determinação de odiar o pecado mortal com todas as nossas forças. Peçamos em oração para que o Senhor nos dê o santo desgosto pelo pecado. Peçamos ao Espírito Santo para que, diante da possibilidade de pecar, cheguemos a uma verdadeira recusa interior. Recordemos também aquelas maravilhosas palavras de São João Crisóstomo segundo as quais o sacerdote deve resplender como se fosse um sol, refletindo a luz de Cristo. Não permitamos nos ocuparmos no espelho de nossa alma do pecado venial. Mas sobretudo evitemos, naquilo que nos diz respeito, que o pecado mortal manche o espelho da alma, de modo que ela se torne quase incapaz, a não ser de modo muito fragmentário e ineficaz, de refletir o rosto de Cristo.

A vida espiritual é manter íntegro e limpo o espelho da alma, para que Cristo possa nela se refletir e de tal modo que os raios luminosos que emanam de rosto de Cristo, distendendo-se em nossa alma, alcancem generosamente os outros homens e os atraiam à verdade e à beleza celestes.

É preciso formar os futuros sacerdotes para tudo isso. A formação espiritual deve partir desta base: não há verdadeira vida espiritual cristã onde Cristo é ofendido, poderemos dizer, expulso pelo pecado mortal. Deus e o pecado são incompatíveis. É pura ilusão ou mentira ensinar que, mesmo na presença do pecado mortal, sobretudo se esse pecado não é um acidente de percurso, mas uma condição estável, poderia haver igualmente uma frutuosa vida espiritual do cristão. Como pode o ramo seco dar fruto, dar os deliciosos cachos da uva se está separado da videira? Jesus diz: "Sem mim, nada podeis fazer" (Jo 15,5). Verdadeiramente, sem Ele, podemos fazer muitas coisas: muitas coisas más ou ao menos de todo indiferentes em relação à salvação eterna. Mas o que de bom, santo e válido para a salvação eterna, podemos fazê-lo somente se estamos inabitados pela Santa Trindade por meio de Jesus Cristo. De outro modo, pretenderemos nos salvar apenas com nossas boas obras humanas.

A formação espiritual inicial, que depois deve se alongar por toda nossa vida sacerdotal, deve, portanto, visar sobretudo isto: fazer-nos descobrir a união com Cristo e nela nos fazer perseverar com a ajuda da graça. O seminarista e, depois, o sacerdote, não é apenas um homem que vive para Cristo, ou seja, para servi-lo. Ele é certamente também isso, mas há mais. O sacerdote vive por Cristo, com Cristo e *em* Cristo e Cristo vive *nele*. Há uma mútua pertença. Dissemos nos dias anteriores que a espiritualidade sacerdotal não anula, mas confirma o caráter plenamente viril do sacerdote. Por isso, dizíamos que se mostra mais conforme à psicologia viril do sacerdote viver na união esponsal com a Igreja. Mas essa união esponsal com a bela Mulher-Igreja é sempre um reflexo da união fundamental da alma com Cristo. De fato, o sermos enxertados em Cristo é vivido concretamente no sermos incorporados a seu Corpo Místico. As "núpcias" – por assim dizer – do sacerdote com a Igreja são uma consequência da inabitação da Trindade em sua alma por meio do Sumo e Eterno Sacerdote, ou seja, o único Mediador, Jesus Cristo. Assim, nossa vida espiritual se configura, ao mesmo tempo, como vida em Cristo e na Igreja, além de ser vida por Cristo e pela Igreja. Se houvesse apenas a segunda sem a primeira, o risco de funcionalismo seria evidente. Esse risco, ao contrário, está ausente quando, mesmo trabalhando e nos empenhando muito pelo Senhor e por seu Corpo Místico, o fazemos como consequência inevitável de nosso ser nele. O fazer deve ter sempre um lugar secundário em relação ao ser. Desde os anos de seminário, é importante inculcar essa visão nos futuros sacerdotes para que possam mantê-la por toda a vida. É a visão pela qual é necessário primeiro estar com o Mestre, despender tempo com Ele, "permanecer com ele" (Jo 1,39). Só depois se pode ser, sempre por Ele, enviado em missão. Todos recordamos bem como se exprime o Evangelho: "Escolheu doze – que chamou de apóstolos – para que estivesse com ele e para mandá-los a anunciar" (Mc 3,14).

Esse é um ponto sobre o qual podemos meditar longamente, tanto durante o tempo que nos resta nestes Exercícios Espirituais quanto nos dias e meses seguintes, fazendo-nos a pergunta essencial: "Quanto tempo passo com Jesus?" E nos referimos ao tempo que cada um de nós dedica exclusivamente a Jesus ao longo do dia. Percorramos mentalmente o horário de nosso dia: quanto tempo é reservado exclusivamente a Jesus Cristo? Talvez, examinando bem nosso horário, ficaremos espantados em constatar que é tão pouco tempo, sobretudo se comparado com o tempo dedicado a outas atividades e às horas vagas. Naturalmente, com a mentalidade que hoje prevalece também em alguns setores da Igreja, diante dessa questão, alguém logo objetaria: "Não é a quantidade que conta, mas a qualidade". Longe de nós dizer que a qualidade não é importante. Certamente. Mas estamos seguros de que quantidade e qualidade são elementos contraditórios, sendo ou um ou outro? Estamos certos de que, a fim de cultivar a qualidade de nossos momentos de encontro com o Senhor, devemos reduzir seu número e duração?

Este pensamento está presente nas mentes de muitas pessoas atualmente, inclusive sacerdotes. Pensa-se que se as coisas são repetidas com muita frequência ou se prolongam muito, acabam por entediar. Portanto, segundo essa perspectiva, seria melhor reduzir o número e duração dos espaços de oração de modo que, quando se reza, tal momento seja aproveitado o máximo possível.

A ideia de fundo é que à menor frequência e duração (isto é, menor quantidade) de oração corresponde uma maior qualidade, ou seja, intensidade, gosto espiritual e frutos. Assim, implicitamente, considera-se que quantidade e qualidade são contraditórias. O filósofo católico Romano Amerio, abordando essa mentalidade, escreveu que, ao contrário, qualidade e quantidade são distintas, mas não contraditórias. São distintas porque pode haver quantidade sem, ou com pouca, qualidade e, vice-versa, alta qualidade com pouca quantidade. Todavia, recorda Amerio, com frequência quantidade e qualidade estão juntas. Ele dá o exemplo do estudo, dizendo: "Para estudar bem, devo estudar muito". Isto é, se quero alcançar um alto nível de conhecimento e especialização, devo dedicar ao estudo muitas horas diárias durante muitos anos. A quantidade de estudo produzirá a qualidade. E se isso não ocorre em todos os casos (porque pode haver alguém que estuda muito, mas não tem muito resultado), continua sendo verdadeiro que, para que se produza qualidade nos estudos, requer-se muita quantidade de tempo dedicado ao trabalho intelectual.

Apliquemos isso à oração, a nossos momentos de encontro com Cristo. Certamente, interessa-nos sobretudo a qualidade de nossa vida espiritual e não estamos com o cronômetro nas mãos para marcar quanto tempo dedicamos à oração, pensando que apenas a quantidade nos salva. Mas estarmos atentos à quantidade, como notamos, é também importante em relação à qualidade da vida espiritual. Quantas horas por dia são dedicadas ao encontro com o Mestre? Enquanto orava no horto de Getsêmani, Jesus diz aos apóstolos que dormiam: "Não pudestes vigiar uma hora comigo? Vigiai e orai para não cairdes em tentação. O espírito está pronto, mas a carne é fraca" (Mt 26,40-41). Os Exercícios Espirituais são um tempo de fato propício não apenas para orar mais durante os dias que lhes são dedicados, mas também para tomar decisões, firmes resoluções para aumentar a quantidade de tempo que dedicamos durante o dia exclusivamente a nos encontrarmos com Cristo na oração e na adoração. Os Exercícios devem ser uma centelha que faz surgir um fogo ardente. De outro modo, os Exercícios Espirituais seriam um fogo de palha.

O seminário ou o noviciado são de grande ajuda porque impõem horários cotidianos de oração. Mas também ali o seminarista ou o noviço são chamados a acrescentar algo de seu; é chamado a multiplicar as ocasiões de oração. Deve aprender a frequentar a Jesus presente no tabernáculo para edificar uma amizade verdadeira, pessoal e íntima com Jesus. Por exemplo, em muitos seminários há a celebração comunitária da Liturgia das Horas, ao menos nas horas maiores. Em diversos seminários recitam-se juntas as Laudes e as Vésperas. Em outros, acrescenta-se a Hora Média e as Completas. Parece, contudo, que são poucos os seminários em que todos os dias se recita também o Ofício das Leituras. É altamente recomendável que os seminaristas o recitem por conta própria, inclusive para se habituarem à fidelidade na recitação do Ofício, pois, com ordenação diaconal, assumirão a obrigação da oração cotidiana do breviário. Outro exemplo diz respeito às devoções pessoais. Em muitos seminários se recita o Santo Rosário em comunidade uma vez por semana, em outros apenas durante os meses de maio e outubro. Mas parece serem poucos os seminários em que todos os dias está prevista a recitação comum do terço. Também nesse caso, portanto, o seminarista deve reservar um tempo diário para o Rosário. É uma devoção tão importante que de fato não podemos imaginar um sacerdote que não recite todos os dias os cinco mistérios do terço, poderosa arma espiritual, além de "torre de salvação nos assaltos do inferno", como define o Bem-aventurado Bartolo Longo na *Súplica a Nossa Senhora de Pompéia*.

Enfim, na formação espiritual realizada no seminário ou no noviciado deve se fazer com que o futuro sacerdote seja um homem de Deus, um homem de oração e um homem que está sempre diante do Senhor. Como isto é importante! Que somos e que sejamos também reconhecidos pelos outros como homens de Deus. Podemos pensar no exemplo de tantos santos sacerdotes que consumaram sua vida como a lâmpada diante do tabernáculo. Pensemos em tantos párocos, de todos os lugares e de todas as épocas, que passaram suas vidas adorando a Jesus no tabernáculo e a serviço de seus irmãos, dia após dia, em sua missão. É sempre tão edificante quando, ao entrarmos em uma igreja, encontramos um pároco que ora diante do tabernáculo. Contudo, é uma cena que hoje raramente se pode ver. Mas ainda há sacerdotes que entenderam e que põem em prática o versículo supracitado do Evangelho: "Escolheu doze – que chamou de apóstolos – para que estivesse com ele e para mandá-los a anunciar" (Mc 3,14). Esses sacerdotes entenderam que foram escolhidos e constituídos não apenas para pregar, mas para estar com Cristo e também para pregar. Esses santos ministros de Deus compreenderam que devem despender tempo em solidão com Cristo. Dar tempo ao Mestre para que Ele lhes fale ao coração. Realizam, assim, todos os dias, aquilo que Deus diz de Israel em uma célebre passagem profética: "Conduziu-os ao deserto para lhes falar ao coração" (Os 2,16). A vida espiritual é deixar que Deus conduza nossa alma ao deserto, isto é, a um lugar silencioso e isolado, a um lugar em que não há outros, a um lugar em que somente Deus está. Tal lugar, no qual Deus fala, é nossa alma, nosso coração. Todos os dias, diante do tabernáculo, encontramos esse deserto de silêncio, de santa solidão, onde Deus fala a cada um de nós face a face como alguém fala com seu amigo (Ex 33,11). A palavra de Deus torna esse deserto um jardim de delícias, o éden do encontro com Ele.

A vida espiritual é a premissa da vida pastoral. Estar com Cristo, senti-lo, ouvi-lo, vê-lo, contemplá-lo, tocá-lo é *conditio sine qua non* para poder falar de Cristo e para realizar as obras que Ele nos confiou:

> Aquilo que era desde o princípio, aquilo que ouvimos, aquilo que vimos com nossos olhos, aquilo que contemplamos e que nossas mãos tocaram do Verbo da vida. Com efeito, a vida se manifestou, nós a vimos e disso somos testemunhas e vos

anunciamos a vida eterna que estava junto ao Pai e que se manifestou a nós (1Jo 1,1-2).

Sim, podemos falar de Jesus Cristo muito bem porque estudamos ou lemos livros. Agimos como mestres, mas não como testemunhas, de estudiosos competentes e especialistas, mas não como homens que encontraram Jesus na oração e na contemplação silenciosa. Recordemos a leitura do Ofício na memória litúrgica de São Domingos, em que se diz que ele ou falava com Deus ou falava de Deus. Nessa leitura, tomada da *História da Ordem dos Pregadores*, lemos que o fundador dos dominicanos "era parco de palavras e, se abria a boca, era ou para falar com Deus na oração ou para falar de Deus". Essa era a norma que ele seguia e a recomendava aos frades. Não podemos falar de Jesus Cristo se antes não o tivermos contemplado, visto com nossos olhos e tocado com nossa mãos (1Jo 1,1,).

É preciso orar para pregar. De outro modo, seremos como címbalos que tinem. É frequente haver ministros da Igreja que falam de Deus sem antes falarem com Deus. Jesus disse que a boca fala daquilo que o coração está cheio – *ex abundantia cordis os loquitur* (Mt 12,34). Essa abundância do coração da qual fala nosso Mestre certamente não é uma habilidade retórica humana! O coração não deve estar cheio de "estratégias comunicativas" planejadas na escrivaninha. O coração deve estar cheio da presença de Deus. Dessa abundância fala o coração! Sem vida espiritual, sem passar tempo com Cristo, o coração fica frio e vazio. Assim também serão nossas palavras. Não nos faltarão palavras (a nós, padres, nunca faltam!), mas serão palavras vazias, superficiais, agradáveis aos homes, mas dons não eficazes. Quantos sacerdotes privados de vida espiritual sabem falar muito bem! Mas qual é seu fruto?

Conta-se que, um dia, os párocos de sua região falavam ao Cura d'Ars deste modo: "Fazemos as pregações, os sermões dos quatro tempos, os exercícios espirituais paroquiais e tantas iniciativas. Convidamos famosos pregadores para falar ao povo e, às vezes, também grandes professores da Sorbonne... mas nossas iniciativas não têm tanto sucesso como as tuas. Fazes pregações simples, não tens uma instrução muito elevada, mas os frutos são enormes...". Parece que o Santo Cura interrompeu essa linha de raciocínio irrompendo no discurso com a simples pergunta: "Mas vós trabalhais de joelhos?". Eis a questão. Os sermões do Santo Cura d'Ars eram certamente menos eruditos e teologicamente menos estruturados do que os grandes pregadores de sua época. Mas suas palavras provinham de um coração transbordante da Palavra de Deus, do coração de um sacerdote que permanecia muitas horas por dia de joelhos diante de Jesus eucarístico.

Levemos a sério essa pergunta de São João Maria Vianney como se nos fosse dirigida. Imaginemos o Santo

Cura perguntando pessoalmente a cada um de nós: "Parece-te que os frutos de teu ministério são escassos ou ao menos não correspondem às expectativas. Não te sentes satisfeito... mas, caro irmão, trabalhas de joelhos?" Peçamos a Nossa Senhora para que nos inspire a verdadeira devoção para com seu Filho, para que aprendamos a apreciar a importância de estar com Ele para bem servi-lo.

II

O que dissemos há pouco representa o pressuposto indispensável para meditar sobre o tema "Sacerdócio e vida ascética". Como sabemos, a teologia espiritual pode ser dividida em teologia ascética e teologia mística. Simplificando, podemos dizer que a teologia mística estuda os dons da graça que Deus confere à alma no caminho espiritual, dos dons mais difusos e comuns aos dons raros reservados por Deus a algumas almas eleitas que usualmente chamamos de místicos. A teologia ascética, por sua vez, reflete aquilo que a alma faz para cooperar com a graça no interior de uma vida espiritual cristã, na qual a graça de Deus e a liberdade do homem se encontram.

Considerando tal distinção, podemos dizer que, sem mística, não pode haver verdadeira ascética. Para entender melhor esse conceito, reflitamos sobre um outro âmbito da fé, qual seja, a divina Revelação. Sabemos que a diferença fundamental entre o cristianismo e as outras religiões consiste no fato de que as religiões são tentativas que os homens fizeram, por assim dizer, a partir "de baixo", de descobrir a Deus ou aos deuses e de render-lhes culto. O cristianismo, ao contrário, é a verdadeira religião porque não foi criada pelos homens, mas foi revelada "do alto", pelo próprio Deus. O Prólogo de João ensina: "Ninguém jamais viu a Deus; o Filho unigênito, que é Deus e está no seio do Pai, o revelou" (Jo 1,18). E no Evangelho de Lucas o Senhor confirma: "Tudo me foi dado pelo meu Pai e ninguém conhece o Filho senão o Pai, nem o Pai senão o Filho e aquele a quem o Filho o quiser revelar" (Lc 10,22). Por isso, as religiões do mundo, ainda que contendo alguns elementos de verdade, não são a verdadeira religião do verdadeiro Deus. Deus permanece, com efeito, inacessível aos homens, a menos que queira se revelar a eles (Ex 33,20-23; 1Tm 6,16; 1Jo 4,12); o Cristo revela Deus (Jo 6,46; 14,6-11; Mt 11,27); Deus é conhecido verdadeiramente, em profundidade e em plena verdade, somente se Ele concede tal conhecimento. De outro modo, o mistério divino permanece oculto às forças humanas.

Voltemos agora à relação entre os dons da graça e nossa cooperação na vida espiritual. O critério continua o mesmo: não podemos ter uma verdadeira vida espiritual simplesmente a partir "de baixo", ou seja, impondo-nos uma auto-disciplina que chamamos de ascese. Se fosse assim, o cristianismo não seria muito diferente de certas religiões asiáticas em que os homens infligem a si mesmos duras provas e privações para chegar à mais perfeita concentração. Nesses modelos religiosos, a concentração humana é essencial justamente porque se pensa encontrar o divino (qualquer que seja seu conceito a respeito) descendo ao profundo da própria interioridade. É verdade que Santo Agostinho parece dizer coisas semelhantes, por exemplo, com sua célebre expressão *noli foras ire, in te ipsum redi: in interiore homine habitat veritas* (*não ir para fora, entra em ti mesmo: a verdade habita no homem interior*). Essa frase, contudo, não deve ser mal entendida. Para ser compreendida corretamente, deve ser inserida no conjunto do pensamento agostiniano. Não por acaso a encontramos na obra *De vera religione* [*A verdadeira religião*] (39,72). Para Santo Agostinho, é claríssimo que somente o cristianismo é verdadeira religião e que a recebemos de Deus. Para Agostinho, é evidente que o cristianismo não é fruto de nossas reflexões humanas. Com efeito, por tantos anos ele havia seguido filosofias, mas encontrou a paz do coração inquieto somente em nossa religião dada "do alto". Quando o Doutor africano diz que não devemos buscar fora, mas dentro de nós mesmos, está apenas dizendo que Deus se faz conhecer, ainda mais que as criaturas exteriores, em nossa alma. É um método espiritual que claramente deriva de uma visão platônica. De modo algum, contudo, Agostinho sugere que encontramos o cristianismo por técnicas de concentração. Diz apenas que Deus se encontra nas profundidades do coração, onde sentimos o gosto da verdade.

Tudo isso nos permite alcançar nosso objetivo: recordar que na vida espiritual a ascética não é uma forma de auto-salvação "de baixo". Poderá haver ascética no sentido cristão apenas como segundo momento, como resposta à graça de Deus que desperta, suscita, acompanha e conduz o esforço realizado pela liberdade humana à sua realização. Enquadrando bem as coisas desse modo, podemos e devemos valorizar a ascese em nossa vida sacerdotal.

Podemos simplificar tantas coisas que podem ser ditas sobre a ascética sacerdotal mediante estas breves palavras: para nós, sacerdotes, cultivar a ascese significa aprender que não podemos fazer e dizer aquilo que queremos. A ascese é tomar consciência de que, aceitando a vocação sacerdotal, decidimos pertencer totalmente a Cristo e sermos usados por Ele como melhor lhe aprouver. Escolhemos também uma outra coisa, isto é, representar a Cristo em meio aos homens. São Paulo diz: "Fui crucificado com Cristo. Não sou eu que vivo, mas é Cristo que vive em mim" (Gl 2,19-20). São Tiago diz: "Falai e agi como pessoas que vão ser julgadas pela lei da liberdade" (Tg 2,12). Mas qual é a liberdade do cristão e, sobretudo, a liberdade do sacerdote? Explica-o muito bem novamente São Paulo: "Vós, de fato, fostes chamados à liberdade. Que essa liberdade não se torne um pretexto para a carne, mas, pelo amor, servi-vos uns aos outros" (Gl 5,13). E o mesmo apóstolo dos gentios diz em outro lugar: "[dizeis:] 'Tudo é permitido!'. Sim, mas nem tudo convém" (1Cor 6,12). A ascética que se impõe a nós, portanto, consiste em aprender a verdadeira liberdade sacerdotal, a liberdade dos Filhos de Deus declinada no papel particular do sacerdote. São Tiago recorda que devemos saber falar e agir segundo esta lei da verdadeira liberdade, daquela liberdade que não consiste em dizer ou fazer aquilo que queremos, mas em dizer e fazer aquilo que torna nosso falar e nosso agir um reflexo de Cristo, do qual somos indignamente representantes. Na Carta aos Efésios, São Paulo escreve: "Digo-vos e vos exorto no Senhor: não vos comporteis mais como os pagãos com seus vãos pensamentos" (Ef 4,17). E, mais adiante, acrescenta: "Nenhuma palavra ociosa saia de vossa boca, mas alguma palavra boa, capaz de servir e edificar aquele que a ouve" (Ef 4,29). Como vemos, o apóstolo se refere a um modo de agir e a um modo de falar que não podem ser desprovidos de controle. A síntese de tudo isso está ainda no capítulo 4 de Efésios, em que ele escreve:

> Vós não aprendestes a conhecer a Cristo se, de fato, não o ouvistes e nele fostes instruídos, conforme a verdade que está em Cristo, a abandonar, com sua antiga conduta, o ho-

mem velho que corrompe seguindo as paixões enganosas, a vos renovardes em vosso modo de conhecer e a vos revestirdes do homem novo, criado segundo Deus na justiça e na verdadeira santidade (Ef 4,20-24).

Essas palavras, naturalmente, valem para todos os batizados, mas assumem um valor de especial atenção para os sacerdotes, porque a quem muito foi dado, muito será cobrado. Ora, em que consiste nossa ascese sacerdotal? Em não agir como antes. E não nos referimos somente ao pecado moral que, obviamente, não pode ter lugar em nossa vida. Referimo-nos também a coisas por si lícitas ou indiferentes se realizadas pelos outros, mas que destoam da vida de um sacerdote.

Demos alguns exemplos. Há sacerdotes que, quando jovens, antes de entrarem no seminário, tocavam um instrumento musical e faziam concertos. Uma vez ordenados, continuam com tuas *tournées* musicais. Não se trata de participações em festivais de música religiosa. Há sacerdotes que, antes de entrar no seminário, se vestiam usando jeans justos e até rasgados, e querem continuar a se vestiram assim como padres. Há presbíteros que tinham o hábito de usar correntes, braceletes, anéis e, em certos casos, até brincos. Há alguns casos de sacerdotes com brincos, mas, graças a Deus, são raros. Vê-se com frequência, ao contrário, sacerdotes que usam vários tipos de jóias. Os exemplos poderiam se multiplicar.

O que queremos dizer com isso? Que há hábitos em si lícitos ou indiferentes, mas que não convêm ao sacerdote. Tocar um instrumento num conjunto musical fazer concertos não é pecado. Mas não convém ao sacerdote. Devemos abandonar muitos de nossos hábitos do passado para dar espaço sobretudo à nossa representação cristológica. Quando as pessoas nos virem, deverão – ainda que de modo desfocado – ver Cristo. Há também alguns sacerdotes desbocados que recorrem com frequência e de bom grado a uma linguagem inconveniente, para não dizer vulgar. Alguns sacerdotes contam piadas obscenas e, no falar, não poucas vezes recorrem a duplos sentidos de fundo sexual. Talvez pensem que desse modo estarão mais "próximos" dos jovens. Talvez estejam mais próximos, mas não os conduzirão além do estado em que se encontram. O sacerdote deve atrair para fora, ajudar a alçar vôo. Mas se ele fala e age como tantos outros, qual será a diferença? É verdade que tais pessoas se alegram e se comprazem por encontrarem sacerdotes de estilo original e alegre. Quando chega um sacerdote que se comporta assim, em geral obtém consenso e afetos. Se um sacerdote diz palavrões, os jovens simpatizam com ele. Esse, contudo, é um nível superficial. Quando chegar o momento em que os fiéis de fato tiverem necessidade do sacerdote, por motivos sérios, por exigências espirituais profundas, certamente não procurarão àquele sacerdote. As mesmas pessoas que há pouco o consideravam simpático e extrovertido, dirão entre si: "Não procurarei aquele bufão!".

Outro aspecto de nossa ascese sacerdotal, que implica auto-disciplina e até auto-censura constante, deve ser exercida em nossas declarações públicas, nas homilias, nas catequeses, nos meios de comunicação social e nos blogs e redes sociais, que têm muitos sacerdotes como usuários. Cada um de nós tem opiniões pessoais, por exemplo, em âmbito político. É forte a tentação de usar o ambão ou o púlpito que nos é dado como sacerdotes (seja material ou digital) para difundir mais nossas ideias do que a doutrina da Igreja. Isso é frequente e grave. Se o púlpito nos foi dado, se as pessoas prestam atenção ao que falamos, é porque somos sacerdotes. Em certo sentido, não merecemos estar ali. As pessoas nos ouvem porque querem ouvir a Cristo e à Igreja. Por isso, Jesus disse: "Quem vos ouve, a mim ouve" (Lc 10,16). É muito triste, portanto, que a homilia ou a catequese se tornem comícios políticos ou ocasiões de doutrinação pseudo--teológica. A ascese sacerdotal comporta que vigiemos sobre o que dizemos aos fiéis.

Também em relação a isso devemos viver como homens novos, ou seja, revestidos do homem novo, criado segundo Deus na justiça e na verdadeira santidade (Ef 4,24). Como cidadãos, votamos, e cada um pode ter seu candidato ou seu partido de preferência. Mas não dividamos nossas comunidades cristãs! Se sou pessoalmente de esquerda, devo recordar que alguns fiéis são de direita. Vice-versa, se sou de direita, não devo discriminar os fiéis de esquerda. Posso estar em total desacordo no plano político com o que alguns fiéis de minha comunidade pensam, mas a relação com eles é a de pai e filho, não a de maioria-oposição. Quantas divisões inúteis são criadas no corpo dos crentes por razões políticas! E como é triste quando a homilia exprime conteúdos que não estão no Catecismo, mas que são difundidas pelos jornais do campo político preferido do sacerdote! Os féis da outra área se sentirão excluídos, alienados, por vezes até julgados. Tudo porque aquele sacerdote não quer vigiar sobre sua conduta e suas palavras.

Outra aplicação do mesmo princípio diz respeito aos grupos eclesiais. Muitos sacerdotes fazem parte de um grupo ou movimento eclesial, ou é dele simpatizante. Nada de mal. Mas também aqui é preciso se recordar se foi ordenado sacerdote para todos os fiéis, não apenas para os daquele grupo eclesial. Em alguns casos, chega-se até ao desprezo de quem freqüenta um movimento eclesial diferente do seu próprio movimento, em particular se a linha de pensamento é diferente. Esse também é um modo político de ver a Igreja. É claro que é preciso salvar a ortodoxia e a ortopraxia, portanto, se em algum movimento ou associação elas estão em perigo, a Igreja deve intervir. Mas quando não é o caso, é preciso ter mais caridade. "Os outros" também são meus irmãos batizados! Tenho direito de não estar em acordo com sua visão teológica e eclesial, mas desde que não neguem a doutrina correta ou não promovam a imoralidade, devo amar e apreciar o que fazem, pois é uma outra dimensão da riqueza da Igreja, que talvez me falte. Isso não significa não ter opinião própria. Significa ter, além de opinião, também coração.

Na Igreja, atualmente, ocorre um terrível desencontro interno. Recordemos que Bento XVI, consciente da situação, em certo encontro com o clero romano citou o texto de São Paulo em que se lê: "Se vos mordeis e devorais uns aos outros, guardai-vos para ao menos não destruir-vos uns aos outros" (Gl 5,15). Quem segue o *blog* de notícias e artigos eclesiais sabe do que estamos falando. Sobretudo se forem lidos os comentários que tantos católicos fazem a tais notícias e artigos, nota-se como há verdadeira raiva, mais fruto de ideologia do que de fé, que conota tais comentários. Recordemos sempre, irmãos, que é justo e recomendável ter opiniões, ter posições. É certamente possível fazer críticas. Em alguns casos, é mesmo necessário. Temos o direito de sentir dor quando constatamos coisas erradas que ocorrem na Igreja. Sim, dor; mas não raiva. Quando se reage com raiva, isso significa que as coisas não vão bem. E recordemos também que das coisas de Deus não se fala com ódio. Denunciemos o erro, se necessário, mas não percamos a caridade. "Ao contrário, agindo segundo a verdade na caridade, busquemos crescer em tudo com vistas a ele, que é a cabeça, Cristo" (Ef 4,15).

A ascese é exercício essencial, sobretudo hoje, quando pouco se valoriza esse aspecto da vida cristã. Dizemos sobretudo hoje, pois as gerações mais jovens de sacerdotes não foram educadas na ascética como outrora; mas justamente são essas gerações que dela têm mais necessidade. Por quê? Como os jovens sacerdotes dela teriam necessidade? Por dois principais motivos: o primeiro é que o mundo atual oferece uma infinidade de ocasiões de pecado moral mais do que no passado. E a segunda diz respeito a um ponto já abordado nos dias anteriores: muitos jovens sacerdotes são, sem dúvida, generosos e bem intencionados, mas, não por sua culpa, não receberam uma educação sólida na família e na escola, como era no passado. Parte dessa educação sólida dizia respeito justamente ao modo de falar, de se comportar, de se posicionar e, sobretudo, o senso de dever e a capacidade de sacrifício. Todas coisas verdadeiramente importantes na vida de um padre. Então pretendemos reaprendê-las, adquiri-las caso não tenham sido dadas ou desenvolvidas ou se nos foram dadas de modo insuficiente. A ascese permite tudo isso.

Em particular, a ascese faz isso porque é prática de privação e de sacrifício. Gostaria de dormir ou de passear, mas não: o dever me chama! Isso é um verdadeiro ato ascético. Gostaria de postar mensagens nas redes sociais, mas não: devo refletir e ponderar bem as palavras, pois devo edificar e não escandalizar. Isso é ascese. Gostaria de evitar me controlar no modo de falar quando estou em público, gostaria de dizer tudo aquilo que quero e inculcar minhas opiniões pessoais na mente das pessoas, mas não: devo falar de Cristo, não de mim. Grande ato ascético. Gostaria de não fazer penitência corporal em relação à comida, à bebida, ao luxo, ao sono; mas compreendo que essas coisas verdadeiramente me fazem crescer.

Em uma sociedade em que tantas pessoas estão dispostas a enormes sacrifícios para observar uma dieta que as faça estarem em forma, isto é, por razões puramente estéticas, muitos de nós são incapazes de fazer também a menor renúncia na comida e na bebida. Há um impressionante espiritualismo: pensa-se e diz-se que "basta o coração" e não há necessidade de fazer penitências corporais. Não é verdade! Ambas as coisas são necessárias, tanto a penitência interior quanto a exterior. A exterior sem a interior seria farisaica. Mas isso diz apenas que devemos manter ambas sempre unidas; não diz que se pode menosprezar a penitência exterior. Eis um outro ponto para nosso exame durante os Exercícios Espirituais. Renuncio a algo na comida, na bebida, no modo de me vestir? Levanto-me, de quando em quando, à noite, para rezar alguns minutos e ficar na companhia de Jesus? Estou disposto a algum sacrifício por seu amor? Estou disposto a oferecer algo a meu Mestre?

Repitamos: sem alguma penitência corporal, corremos o risco de sermos espiritualistas, não espirituais. Certa vez, por força das circunstâncias, um bispo teve que ir jantar em um bom restaurante durante a Quaresma. Ele ficou atento para o que pedia, pois havia se comprometido com certas práticas penitenciais. Não pediu vinho, só bebendo água. Além disso, escolheu coisas mais simples do que os outros comensais. No final do jantar, chegou o momento da sobremesa e todos a pediram. O bispo pediu que lhe trouxessem apenas fruta. Fazia-o de modo que os outros não percebessem essas pequenas renúncias, mas era de fato impossível, de modo que todos se deram conta de que estava fazendo pequenas "fioretti"[5] quaresmais, como se diz na Itália. Diante da evidência, o bispo teve que admitir e acrescentou: "Sabeis, continuo convencido de algum modo de que a penitência não deve ser apenas espiritual; deve-se sentir no corpo. São pequenas coisas, mas é preciso sentir no corpo um pequeno incômodo, uma pequena renúncia. Não me bastaria um jejum apenas espiritual; penso que, de vez em quando, faz bem se também sentimos o estômago que faz barulho porque o mantivemos vazio". É um modo muito simples, mas verdadeiro, de indicar como nós, católicos, entendemos a penitência: penitência tanto do espírito quanto do corpo sem exclusão de nenhum componente do ser humano.

---

[5] "Fioretti": "pequenas flores", "florezinhas", pequenos sacrifícios quaresmais (NdT).

É urgente que o clero católico volte a ser mais sábio e mais concreto a esse respeito, bem como sobre outros elementos de nossa grande Tradição. Como o culto litúrgico não é nem só interior nem só exterior, a vida espiritual deve incluir ambas as dimensões, portanto, não apenas a (verdadeira ou presumida) mística, mas também uma ascese muito concreta. Oremos para que o Espírito Santo volte a nos fazer compreender que a penitência é importante, que a penitência nos faz bem e que a verdadeira penitência é sobretudo a do coração contrito e humilhado, mas também a do corpo que é submetido à renúncia e à privação.

O atleta treina seu corpo e se submete a todo tipo de privação para ganhar uma coroa perecível, diz São Paulo (1Cor 9,2.5-27). Submetamos também nosso corpo, irmãos, a algum treinamento. Sob a conduta de um sábio e prudente diretor espiritual, busquemos empreender e aperfeiçoar a prática da penitência ascética, e de inculcá-la também nos fiéis.

Zelo pelas almas: o apostolado do sacerdote "in primum..." a ser escolhido.

Concluamos nossos Exercícios Espirituais com esta única meditação da manhã. Recordemos, antes do mais, a solenidade da Cátedra de São Pedro, que celebramos hoje, para confirmar nossos sentimentos filiais para com o ministério petrino que foi dado por Cristo como bússola, farol e guia para a Igreja sobre a terra. As reflexões que fizemos também se aplicam bem ao ministério do sucessor de São Pedro. Ele é chamado a ser para os católicos e, de algum modo, para todos os homens, um farol que ilumina. Mas essa luz não vem dele, de suas capacidades, de sua cultura, de suas ideias, de seus talentos pessoais. O papa, como e ainda mais que qualquer outro sacerdote, deve resplender. Mas resplender sempre da luz refletida e não de sua própria luz. Como toda a Igreja, também o papa – podemos dizer – deve manifestar o *mysterium lunae*. Ele não é o sol, pois o verdadeiro sol é Cristo. Ele é como a lua que brilha e resplende somente na medida em que reflete em nós os raios da luz do sol que é Cristo.

O papa, com efeito, é seu Vigário, aquele que deve fazer as vezes do Senhor Jesus junto ao povo de Deus, aquele que não fala de si, que não propõe sua doutrina, mas a de Cristo. Ele deve ser como São João Batista, que não chama a atenção sobre is, mas sempre aponta para o verdadeiro centro, Jesus. Ele deve fazer suas as palavras de nosso Mestre comum e dizer: "Minhas palavras não são minhas, mas daquele que me enviou" (Jo 7,16). Renovemos, portanto, nossa fidelidade à Roma imortal, àquela Roma, como diz Dante Alighieri, "onde Cristo é romano" (*Purgatório*, XXXII, 102). Estreitemos ainda mais fortemente os vínculos de nossa alma católica à Cátedra de São Pedro, aquela Cátedra cujo ensinamento iluminou os séculos e os milênios; aquela Cátedra que deve continuar a resplender, refletindo a luz de Cristo até o fim dos tempos.

Como tema desta última meditação foi-nos confiado o seguinte: *Zelo pelas almas: o apostolado do sacerdote como "o primum..." a ser escolhido.* Como bem sabeis, já falamos do zelo pelas almas em uma meditação anterior, razão pela qual não vamos nos repetir. Mas sequer é necessário mudar de tema para a presente meditação, pois é possível retomar o discurso de uma nova perspectiva e acrescentar algumas reflexões.

Já dissemos o que é o zelo pelas almas e qual sua importância. Meditemos, agora, sobre o fato de que hoje o zelo pelas almas, virtude primordial do sacerdote, parece ser, em certos casos ou com frequência, dificultado pela própria Igreja. Partamos de um dado que foi apresentado ao conhecimento público pelo cardeal Marc Ouellet em uma entrevista há alguns meses. O cardeal afirmou que, atualmente, cerca de 30% daqueles que são nomeados bispos recusa a nomeação. Trata-se, portanto, de cerca de três a cada dez sacerdotes. Como explicar esse fato, sobretudo considerando que o cardeal Ouellet acrescentou que há poucos anos, quando começou seu serviço de Prefeito da Congregação para os Bispos, a média era muito baixa, cerca de 10%?

Pode haver várias explicações. Alguns analistas disseram que é um problema de fé, outros que aqueles sacerdotes tinham pecados (passados ou presentes) e temiam que, eleitos bispos, tais pecados pudessem se tornar mais facilmente conhecidos. Ambas as explicações são possíveis. Há, contudo, uma terceira que foi proposta, qual seja, de que ser bispo hoje em dia parece para muitos sacrificante e sem consolações. Por isso, muitos sacerdotes têm medo. Têm medo de perder a relativa liberdade de que gozam. Têm medo de estarem sempre no centro das atenções, para não dizer no olho do furacão, sobretudo quando acontece alguma coisa negativa na Igreja local ou universal. Têm medo de gerir problemas financeiros e casos de *delicta graviora*. Ambas as situações se tornam cada vez mais frequentes. Em uma palavra, tais sacerdotes têm medo da cruz. De outro lado, deve-se admitir que em geral nem os sacerdotes de sua diocese os apóiam, nem a Santa Sé os apóiam em todos os casos. É óbvio que se trata de um tema muito complexo e que há tantos casos diversos: do caso de um bispo inocente e sério que é, por assim dizer, "martirizado" injustamente pelos meios de comunicação aos bispos que, ao contrário, se tornam cúmplices de pecados e até eles mesmos autores de pecados. A diversidade de casos é tão ampla e complexa que é impossível tratar em poucas palavras o que requereria amplas análises.

Não obstante, parece ser possível dizer que há uma percepção difusa no clero: ser bispo atualmente é mais difícil, mas pesado e complicado, ao mesmo tempo que há menos ajuda e consolações do que no passado. Além disso, por vezes se tem a impressão de que o bispo não pode agir livremente e de modo autônomo sequer em sua diocese, devendo em tudo depender da conferência episcopal, cujas normas oficiais são estabelecidas e claras, mas cujas dinâmicas concretas por vezes escapam a uma compreensão clara.

Portanto, também esta pode ser uma explicação válida: um presbítero que é eleito bispo pode ser tentado a pensar – "O que me levaria a aceitar? Em minha paróquia, em meu encargo na Cúria ou como professor, estou tão bem! Em meu trabalho atual, ao menos posso fazer algo de bom pela Igreja, enquanto que, se fosse bispo, mandaria menos e não mais; teria menos e não mais liberdade de ação". Do ponto de vista humano, essas e outras razões são compreensíveis. São compreensíveis, mas não justificáveis.

Todos já ouvimos falar do carreirismo, e com razão. Um sacerdote que fizesse algo para obter promoções não demonstraria zelo pelas almas, ou seja, amor pela Igreja, mas somente zelo por si mesmo. Fique claro que, pela diversidade dos fins, muitos carreiristas que conseguem se tornar bispos, acabam por se lamentar da situação em que eles próprios se meteram! Gostariam de retroceder, mas não podem. Então pensam dever continuar em frente, obtendo posições em graus cada vez mais altos da hierarquia. Iludem-se pensando que, desse modo, se livrariam de seus sofrimentos atuais. Pensam: "Se conseguisse a promoção para tal cargo, então poderia mandar!". Naturalmente, o carreirismo pode ocorrer também sem ambições episcopais, como é o caso daqueles sacerdotes que aspiram "apenas" à melhor paróquia ou posição mais alta na Cúria.

Um sábio sacerdote dizia que um carreirista não tem direito de se lamentar. Isso porque foi ele mesmo que procurou o motivo e o instrumento de seus sofrimentos. Ao contrário, um não carreirista – continuava aquele sacerdote – tem direito ao lamento. Se um presbítero não fez nada para chegar a uma certa posição e esta lhe é conferida, sofrendo por causa desse ministério, tem o direito de se colocar diante de Jesus presente no tabernáculo para se lamentar, como fez Moisés ao dizer a Deus palavras verdadeiramente dramáticas:

> Por que fizeste mal a teu servo? Por que não encontrei graça a teus olhos, a ponto de impor-me o peso de todo esse povo? Acaso fui eu que concebi todo esse povo? Acaso o pus no mundo para que me digas: Levai-o no colo, como a nutriz carrega o lactente, até a terra que prometestes como juramento a nossos pais? [...] Não posso carregar sozinho o peso de todo este povo. É muito pesado para mim. Se deves me tratar assim, prefiro antes morrer, fazei-me morrer se encontrei graça a teus olhos; que não mais conheça a desgraça! (Nm 11,11-12.14-15).

O sacerdote que não é carreirista pode falar assim a Jesus: "Por que, Senhor, me fizestes isso?". E o Senhor o consola, pois sabe que cruz lhe deu e que aquele padre não a escolheu sozinho. Por isso, Jesus lhe responde: "Basta-te minha graça; a força se manifesta na fraqueza" (2Cor 12,9).

Portanto, este é um outro ponto importante para nos examinarmos a partir destes Exercícios Espirituais. É preciso sublinhar que nosso exame sobre o carreirismo não deve ser primordialmente um exame sobre desejos (em parte também isso), mas sobre ações. É preciso deter-se não apenas nem principalmente sobre o eventual desejo que podemos ser no coração de se tornar bispo. Em certo sentido, esse não é o problema mais grave. São Paulo pode escrever: "Se alguém aspira ao episcopado, deseja um nobre serviço" (1Tm 3,1). Certamente, se alguém deseja de modo desordenado provavelmente também se comportará do mesmo modo, ou seja, mal. Mas mais do que a aspiração interior, o que de fato é preciso é examinar se colocamos em prática em maior ou menor grau táticas carreiristas, se fazemos as coisas porque esperados colher uma promoção como fruto, se não omitimos outras – ainda que justas – porque comprometerão nossa ascensão. O verdadeiro exame deve ser sobre a pureza da intenção com a qual faço algumas coisas ou omito outras. Posso também ter um desejo interior sadio de que Jesus queira me escolher este indigno pecador para lhe conferir a honra não merecida de ser sucessor dos apóstolos (porque é disso que se trata!). Mas esse desejo seria insano se privasse da liberdade de fazer o bem e de evitar o mal, se alguém começasse a agir ou não agir com base em uma política de aproximação de sua meta pré-determinada: fazer carreira!

E isso se vincula exatamente àquilo que dizíamos no início: pode parecer que hoje, na Igreja, o verdadeiro e sadio zelo pelas almas ao invés de ser encorajado e premiado, seja dificultado (se não proibido) e, por vezes, punido. Retomando os dados fornecidos pelo cardeal Ouellet, poderemos também fazer uma questão: 30% dos eleitos recusa, mas quais são os critérios com os quais os bispos são escolhidos? São escolhidos presbíteros ortodoxos, de vida santa, verdadeiramente corajosos, equilibrados, zelosos, cheios do Espírito Santo e afeitos à oração? Ou são escolhidas pessoas ligadas a grupos ou outras pessoas? Ou são escolhidas pessoas de dúbia doutrina, ainda que muito ativas em certos setores da vida social? Ou, ainda, entre os diversos candidatos, escolhe-se o melhor ou escolhe-se aquele que é mais diplomático e – segundo o jargão atual – "menos cismático"? Essas perguntas também são dignas de nota. A Igreja hierárquica tem o dever moral não apenas de escolher bispos, mas, na medida do possível, de escolher bons bispos. Esse dever moral é consequência do direito dos fiéis de receber bons pastores.

Além disso, a Igreja hierárquica deveria fazer de tudo para dispor o bispo (bem como os sacerdotes) nas melhores condições para bem agir, com o devido suporte, sobretudo quando os bispos e sacerdotes são corajosos, quando têm coragem de anunciar a sã doutrina opondo-se ao pensamento mundano. Mas, ao contrário, com frequência, é justamente nesses casos que os bispos e os sacerdotes zelosos são deixados sozinhos, senão até enfraquecidos e deslegitimados. Também sobre esse ponto concreto – como é evidente – há muitas tipologias de casos diversos e não se pode generalizar. Mas este é o quadro do que é "percebido", como se pode dizer atualmente. O zelo pelas almas é o *primum* a ser escolhido para o sacerdote: não há dúvida sobre isso. Mas os bons sacerdotes devem ser apoiados em seu zelo. Do mesmo modo, devemos apoiar e não impedir os leigos que demonstram santo zelo pelas coisas de Deus e da Igreja. Não ocorre que o clero encoraje iniciativas laicas de caráter social e ignore ou até ponha obstáculos às iniciativas laicas que propõem a evangelização, o incremento do culto litúrgico, o aperfeiçoamento da vida moral, o aumento do espírito de fé, oração e devoção? Eis, então, um segundo ponto para nosso exame: desejo ser apoiado em meu zelo, mas apóio os outros confrades e leigos zelosos?

A situação atual é bem difícil, mas não desesperadora. Há alguns anos, um bispo norte-americano deu uma entrevista em que contou também alguns detalhes autobiográficos, particularmente do momento em que ocorreu sua eleição episcopal. Conta que, naquela circunstância, confiou a um amigo sacerdote suas perplexidades e medos, justamente fazendo referência às enormes dificuldades que um bispo hoje encontra. E o eleito dizia a seu confrade: "Esta é uma época de fato adversa para ser nomeado bispo". Ao que o outro respondeu: "Portanto, é o tempo apropriado para haver grandes bispos!". É assim, caros irmãos. Os tempos são difíceis, mas isso não justifica desistir – ao contrário! Isso obviamente vale também para os sacerdotes: é um momento difícil para ser presbítero. Contudo, é um tempo verdadeiramente apto para haver grandes presbíteros, sacerdotes verdadeiramente zelosos para a salvação das almas!

Como sabemos, o filósofo Blaise Pascal escreveu: "Jesus estará em agonia até o final dos tempos; é preciso não dormir durante esse tempo" (*Pensamentos*, 553). Estamos no centro de uma história em que Cristo continua a agonizar. Mas isso não deve nos encorajar, não deve nos fazer dizer: "Então não há nada a fazer". Recordemos a anedota, que já mencionamos, da vida do Cura d'Ars. Disseram-lhe: "Chegas tarde, não há mais nada a fazer em Ars". E ele respondeu: "Então, há tudo a fazer!". Arregacemos as mangas, caros irmãos, não desperdicemos nossas vidas em questões ociosas, usemos bem o tempo que Cristo nos dá. Há tanto a fazer, então... façamos! Cristo agoniza, isso é verdade. E somos nós, sacerdotes, que o traímos, o crucificamos de novo. Mas a consequência que Pascal disso retira não é: "Então, durmamos tranquilos", mas: "É preciso não dormir durante todo esse tempo". É um pensamento fundado no Evangelho, pois Jesus repreendeu os discípulos no Getsêmani porque, enquanto Ele agonizava, eles dormiam (Mt 26,40-41; Mc 14,37-41; Lc 22,46).

Voltemos ainda ao ponto da meditação que atua como um pivô de tudo que falamos: podemos "não dormir", podemos de fato sermos sacerdotes zelosos quando com frequência é a própria Igreja que dificulta nosso zelo? Ou ao menos a Igreja parece hoje querer que sejamos zelosos por um certo tipo de obras e de atividades, mas parece que não quer que o sejamos para outras, para aquelas divinas e sobrenaturais?

Essa é uma objeção a ser considerada seriamente. Se um bom sacerdote quer promover melhor a sacralidade, a beleza, a dignidade e a santidade do culto divino com iniciativas líticas e oportunas e certamente não de modo arbitrário, é possível que não agrade a seu bispo, que seja repreendido, impedido, que seja pedido para que interrompa suas iniciativas. Se um sacerdote defendesse a sã doutrina ou aplicasse o direito canônico, em certos casos poderia ser até repreendido pela autoridade eclesiástica.

Ainda aqui os casos são tantos e diversos entre si: há, com efeito, sacerdotes que são zelosos, mas desordenados. Tomemos, por exemplo, sacerdotes que postam comentários sobre questões doutrinais na internet. Alguns deles defendem a sã doutrina, mas recorrem a um estilo e a uma linguagem deslocada, exagerada, inadequada ou até ofensiva. Já dissemos que não se fala deste modo das coisas de Deus. Nesse caso, se o bispo intervém, não significa que não quer que se defenda a sã doutrina. Pode significar apenas que o bispo chama a atenção de seu sacerdote de modo justo, ou seja, como diz São Pedro, com doçura e respeito (1Pd 3,15). Ou, como São Paulo diz aos gálatas: "Irmãos, se alguém é surpreendido em alguma culpa, vós, que tendes o Espírito, corrigi-o com espírito de doçura" (Gl 6,1). Mas é verdade que há também casos em que o sacerdote não faz nada de mal, mas algo de bom ou até que deveria e, não obstante, é impedido ou punido.

Quanto a isso, devemos seguir este critério: se a Igreja não veta formalmente de fazer coisas boas, verdadeiras e justas, mesmo se meu bispo ou meus confrades não o fazem, estou no direito e mesmo no dever de fazê-las. Consideremos que hoje muitos sacerdotes celebram mal a Liturgia. Se a Igreja me permite, com suas normas, celebrar bem, assim o faço. Consideremos que um certo número de presbíteros ensine doutrinas errôneas aos fiéis. Se a Igreja tem um Catecismo que contém a sã doutrina, posso e devo ater-me àquela regra da fé e da moral. E assim por diante. Enquanto as autoridades não queimarem ou proibirem o Catecismo da Igreja Católica, não poderão queimar minha liberdade, minha consciência e minha fé.

É preciso, contudo, saber que este zelo pode ter, como efeito indesejado senão imprevisto, o sofrimento.

A própria Igreja, de outro lado, antes de canonizar os santos, sempre os fez sofrer, os pôs à prova, para ver se eram sérios, se eram de fato inspirados pelo Espírito de Deus. Sim, a Igreja comprova a santidade não apenas com o processo canônico póstumo, mas já durante a vida. A Igreja prova no crisol, no fogo, a retidão de nossa intenção para ver se é sincera. A Igreja faz isso fazendo-nos sofrer. Nós, ainda que isso seja injusto, devemos estar dispostos a tolerar esse sofrimento que nos vem não dos inimigos externos, mas dos irmãos de fé. Devemos aceitar que os julgamentos, as malignidades, as interpretações negativas de nosso agir, as maldades venham de alguns que deveriam nos apoiar e encorajar. A consolação é que há outros irmãos, leigos ou consagrados, que nos ajudam e nos apóiam abertamente e sem medo, por amor a Jesus e à sua Igreja.

Diante, portanto, dos tempos dificílimos em que vivemos, não devemos perder, mas multiplicar o zelo pela salvação das almas. Esta é, de fato, a verdadeira, a única razão pela qual existimos como sacerdotes: cooperar para a salvação das almas. O que quer que façamos é, e deve ser, em vista disso. Renovemos nosso zelo recordando as palavras que Deus disse pelo profeta Isaías: "Fortalecei as mãos fracas, tornai firmes os joelhos vacilantes. Dizei aos corações desfalecidos: 'Coragem, não temais! Eis vosso Deus, vem a vingança, a recompensa divina. Ele vem nos salvar" (Is 35,3-4).

A vós, que participastes destes Exercícios Espirituais, desejo de coração, caríssimos irmãos no sacerdócio, que possais redescobrir todos os dias, no encontro com Cristo, aquele primeiro amor que vos leva a oferecer vossa vida pela causa de seu Reino. Dirigi-vos todos os dias a Maria Santíssima e ao grande São José, pedindo para que vos ensinem como bem servir a Cristo – eles que o fizeram com dedicação total e perfeição absoluta. Orai também a São Miguel, príncipe das milícias celestes, para que afaste de vós e dos fiéis dos quais cuidais as insídias do inimigo infernal. Invocai, enfim, a São João Batista, para que, como ele, também vós possais, em um mundo em grande parte entregue ao neopaganismo e à decadência moral e religiosa, apontar a todos os homens que a única salvação está no Cordeiro morto e ressuscitado, em Jesus Cristo que se oferece no altar da cruz há dois mil anos e que todos os dias apresenta seu sacrifício de forma incruenta e sacramental em nossos altares por nossas mãos sacerdotais. Possa vossa obra sacerdotal, inspirada e guiada por tais grandes santos, ser fiel e fecunda até o dia em que o livro desta vida se feche e se abra o da outra vida, na qual todos esperamos poder ser acolhidos, ouvindo nos serem dirigidas as palavras: "Muito bem, servo bom e fiel [...], fostes fiel no pouco, receberás muito; entra e participa da alegria de teu senhor" (Mt 25,23).

Este livro foi impresso em papel offset 90g, capa triplex 250g.
Edições Fons Sapientiae
é um selo da Distribuidora Loyola de Livros

Rua Lopes Coutinho, 74 - Belenzinho 03054-010 São Paulo - SP
T 55 11 3322 0100 | editorial@FonsSapientiae.com.br
www.FonsSapientiae.com.br